JN074912

サブカルチャーのこころ

オタクなカウンセラーがまじめに語ってみた

笹倉尚子
荒井久美子 編著

木立の文庫

まえがき

サブカルチャーのこころの世界へ、ようこそ。

この本を手にとってくださった好奇心旺盛なあなた。
あなたは今、この本にどのような内容を期待されているでしょうか。「サブカルチャーが好きなので」「心理学の本棚に並んでいたから」「なんとなく表紙が気になって」……さまざまなきっかけがあってのことだと思いますが、まずは本書の中身について、簡単にご紹介します。

本書は、現役のカウンセラー十二名が、漫画・アニメ・ゲーム・映画・アイドル・ファッション・インターネット・ボードゲームなど、現代日本のサブカルチャーについて、そこに潜むこころ、あるいは表現されたこころを読み解いたものです。その数なんと、二六八項目！〔▼巻末索引〕「流行しているジャンル」や「長年にわたり楽しまれているジャンル」から、「誰かを応援する（推す）こと」「創作・表現すること」「仲間と集まること」まで、五つの章で構成されています。

　ここまで読んで、「サブカルチャーに詳しくないとつまらないかも？」「心理学の知識がないと難しいのかな？」と、ちょっと構えられた方もいらっしゃるかもしれません。――ですが、ご安心ください。この本はサブカルチャーや心理学といった枠組にとらわれず、「いつでも、だれでも、どこからでも」読みやすいよう、編著者一同で工夫をこらしました。〝サブカルチャー〟に、あるいは人のこころに少しでも興味・関心をお持ちの方なら、中高生から大人まで、どなたでも楽しんでいただける内容になっていると自負しています。

これだけ多種多様なサブカルチャーを織り交ぜて絡め合わせた心理学の本は、あまりありません。そのため、すでにサブカルチャーおよび心理学に精通しておられる専門家の方にとっても、なにか新たな発見があるのではないかと期待しています。

この本との出会いによって、あなたのこころに〝サブカルチャー〟に対する新たな理解や視点が芽生え、日々の「人との関わり」が豊かになること、あるいは専門的な対人援助において活かされること、あるいはあなたのこころが弾むことがあるなら、書き手としてそれに増して嬉しいことはありません。

笹倉尚子

ここで出会えたのもきっと、なにかのご縁。
どうぞリラックスして、次のページをめくってください。

目次 CONTENTS

第2章 長く楽しまれているのは、なぜ？

第3章　憧れるのは、応援するのは、なぜ？……161

第4章　創るのは、表現するのは、なぜ？……221

第5章 仲間と集まるのは、なぜ？ 285

プロローグ

サブカルチャーとこころの関係

はじめまして、サブカルチャー臨床研究会です。
略して「さぶりんけん」といいます。

私たちはサブカルチャーと心理臨床の接点を探求する研究会です。「心理臨床」というのは、一般の方には耳慣れない言葉かと思いますが、いわゆるカウンセリングや心理療法など、こころの問題や病気に対して支援する実践だと思ってください。

私たち「さぶりんけん」のメンバーは全員が臨床心理士・公認心理師で、現役のカウンセラーです。小学校や中学校、高校や大学といった教育機関、精神科や心療内科といった医療機関、他にも福祉領域や産業領域など、さまざまな現場で日々、カウンセリング●を始めとした〝こころの支援〟に携わっています。

研究会としての主な活動内容には、年に三度の定例会、毎年開催される日本心理臨床学会の大会での自主シンポジウム〈心理臨床とサブカルチャー〉の開催、

◆サブカルチャー

●こころの専門家であるカウンセラーが、対話を通じて個人の成長や問題の解決を支援する営み。

メーリングリスト上での情報交換などがあげられます。メンバーが集まっての定例会では毎回、最初に全員で近況報告をするのですが、「最近、小中学生にこれが流行ってます」といった仕事に関する情報交換から、「今季このアニメ、めちゃくちゃ面白いです！」といった単なる個人的なおすすめまで、それだけでいつも一時間以上かかります。●

学会の自主シンポジウム●は、二〇二二年で七回目を迎えました。毎年数名のメンバーが特定のサブカルチャーと心理臨床との関連について話題提供し、サブカルチャーに造詣の深いカウンセラーの先生方を指定討論に招いて、熱いディスカッションを繰り広げます。さらにはフロアの参加者と「好きなものを語る」ワークをするのも恒例となっています。

しかし、サブカルチャーと〝こころの支援〟にいったいどのような関係があり、何をそんなに議論することがあるのでしょうか？　そんな疑問を抱かれる方もおられるかもしれません。

●研究会メンバーは全国各地にいるため、コロナ禍以降はオンラインで行っている。

●学術的な学会の大会で、会員が自主的に企画・開催できるシンポジウム。

このプロローグでは、本書の位置づけについてお話ししたいと思います。

現代日本の「サブカルチャー」とは

少々堅苦しい話になりますが、お付き合いください。

みなさんは《サブカルチャー》という言葉から、どのようなものを連想されるでしょうか。漫画やアニメ、ゲーム、アイドル、声優などの〈オタク文化〉を思い浮かべる人も多いのではないかと思います。なかには「オールナイトニッポン●」、「渋谷系の音楽●」とか?、「鬼畜系●」ってあったよねといったように、ちょっとマニアックな日本のサブカルチャーの歴史をご存じの人もおられるかもしれません。

本来、英語のsubcultureとは、ある文化においてメインではない、異なる信念を持った少数派の「下位文化」を指します。たとえば、音楽におけるレゲエやヒップホップ、ゲイ文化におけるドラァグクイーンなど、少数民族やセクシュアル

●一九六七年からニッポン放送をキーステーションに放送されているラジオの深夜番組。

●一九九〇年代前半に渋谷を発信地として局所的に流行した音楽ジャンル。

●一九九〇年代半ばから一部で流行した「悪趣味系サブカルチャー」のひとつ。

マイノリティの人びとが創り上げてきた文化や生き方が、代表的な例としてあげられます。こうしたsubcultureという概念は、おもに社会学や文化人類学、カルチュラルスタディーズ●の領域で展開を続けてきました。

それに対し、日本では「民族的な文化差」という視点が希薄だったこともあり、《サブカルチャー》という言葉が独自の意味あいをもつようになりました。絵画や彫刻、クラシック音楽といった芸術、純文学、俳句、短歌、能や歌舞伎といった高尚な文化（ハイカルチャー）に対し、漫画やアニメやゲーム、アイドルや声優、深夜ラジオや、一部の若者だけが知っているお洒落な音楽などが、「サブカル的」などと呼ばれるようになっていったのです。

ただし、日本のサブカルチャーについては、「差別される少数派の下位文化ではない」「愛好者の数で言えば多数派」との指摘があったり、「高度情報社会の急激な発達や、文化を規定する社会や思想の変容が進み、サブカルチャーという位

●文化から社会を分析する学問。

置づけ自体が意味を失いつつある」と述べる人もいます▼。

かつて日本の《サブカルチャー》という言葉は、〈おたく〉というネガティブで閉鎖的なイメージと結びついていました。しかし、多数派となり市民権を得た現在の〈オタク〉●は、よりライトな響きの言葉となり、「○○のオタクなんです」といった自称も、いまやカジュアルに見られます。それに伴い《サブカルチャー》という用語も、ポップカルチャー（大衆文化）といった用語へと置き換わりつつあります●。

本書で扱われている内容には、ポップカルチャーと呼んで差し支えないものも多く含まれます。それでもなぜ、私たちはあえて《サブカルチャー》という言葉を使うのか？

その理由は、本書のもつ特徴とも関わっています。

▼山岡〔二〇二〇年〕本論末

●「オタク」というカタカナになり、カジュアルな印象が強まった。

●外務省などの国策においても「ポップカルチャー」という言葉が用いられている。

サブカルチャーの「こころ」を探求する

社会的に大きな影響力のあるアニメや映画などについて、心理学的な視点から考察した良書は多数存在します。▼ それらの既存の書籍に比して、この本の大きな特徴はふたつあります。

ひとつは、執筆者一人ひとりが〝こころの支援〟を実践している現場（学校の相談室や、病院のカウンセリングルームなど）で体験したこと、感じたことが核となっている点です。

カウンセリングで起こる現象というのは、とても個人的でミクロなものです。その小さな世界で起こったこと、たとえば「最近、フォートナイトが好きな子、多いなぁ」「会っている子が突然『声優になりたい』って言い出した」といったカウンセラーとしての実体験をもとに、それらのコンテンツ（あるいはジャンル）のもつ魅力やこころへの影響について、おのおのが考察を展開しているので

▼斎藤環（二〇〇〇年）『戦闘美少女の精神分析』太田出版ほか。

◆個人的でミクロなもの

す。あるいは、カウンセリングの場で語られた悩みや葛藤、子どもが見せる問題行動や不適応について、特定の作品と重ね合わせながら論じている項目もあります。カウンセリングなどのごく個人的な、小さな世界で起こったことを起点としている——このことから、「ポップカルチャー」よりも「サブカルチャー」という言葉の方が、本書にはよく馴染むように思えるのです。

もうひとつの本書の特徴は、何と言っても、扱っているコンテンツ（あるいはジャンル）の多様さでしょう。二〇二三年現在流行しているものから、世紀をまたいで長く愛されているものまで、二次元から三次元まで、オフラインからオンラインまで、さまざまなサブカルチャーのコンテンツをとりあげています。これだけ総花的に（「闇鍋」的に、とも言えますが）サブカルチャーをとりあげた心理学関連の書籍は、おそらく他にないのではないでしょうか。

精神科医の山中康裕は、窓という着眼点を提唱しています。▼ 窓とは、多くは「趣味」というかたちで開かれている興味の志向性であり、思春期の子どもが語るそ

▼山中（一九七八年）本論末

うした窓の内容には、彼らの内面の発達や変容が明瞭に表現されているとされています。この考えに私たちは深く共感するとともに、思春期に限らず、さまざまな年代において、その人の「好きなもの」がその人のこころをよく表すと考えています。そのため、可能な限り多くのコンテンツに表現されているこころを読み解くことを試みました。

また本書では、できるだけ専門用語を使わず、誰でも読めるような言葉づかいをこころがけました。それはひとえに、こころの支援に携わる人びとだけでなく、教育や福祉領域など〝対人援助〟の現場で働く方々、あるいは家族関係や友人関係などの〝日常の人付き合い〟で思うところのある方々に、自分が関わっている相手の「好きなもの」への理解を深めるのに役立てて頂きたいからです。

「私、最近の若い人の好きなものとか、よくわからないから……」「急に娘が韓国のアイドルにハマって、戸惑ってる……」などと感じている方にこそ、本書を手にとってもらいたいと考えています。

このように扱うコンテンツがたくさんあるだけに、《サブカルチャー》と〝こころの支援〟の双方に精通している方には、一つひとつのコンテンツへの掘り下げ方が物足りないと感じられるかもしれません。とはいえ、サブカルチャーに詳しい方であっても、これだけ多くの種類があれば、一つくらいは「これについては知らなかったな」という新たなジャンルとの出会いがあるのではないでしょうか？　そうであることを願っています。

また、これは完全に研究会のメンバーの事情ですが、**メンバー全員がオタク**であるがゆえに、自分が「本当に」「こころから」好きなものについては書けない●、という事態もありました。「ジョジョの奇妙な冒険について はいろいろ思い浮かぶけど、好きすぎて書けない」「エヴァンゲリオンについて考察しまくっているけど、好きすぎて書けない」といったように、本気で愛しているコンテンツに関

●大好きでいることと批評することは、両立しづらいのである。

しては、客観視することが難しかったのです。

逆に言えば、何かに深く入り込みつつも、それらを外側から冷静に眺め、理解し、考察しようとする姿勢。それこそが私たちが《サブカルチャー》という言葉を使う理由でもあります。

「ああ楽しかった、大好き」と楽しむだけなら、〈ポップカルチャー〉でも良いのだと思います。そうではなく、カウンセリングという小さな世界で起こったことを核として、「この作品は何を表現しているのか?」「なぜこの人はこれが好きなのか?」といったように、コンテンツそのものに表現されたこころや、それを好きな人のこころについて、さまざまに思いを巡らせる。このように単なる娯楽の域を超えた探求心に満ちた姿勢には、やはり従来の《サブカルチャー》という言葉が合っているように感じられるのです。サブカルチャーが「新たな価値観の創造」という側面を持ち合わせているのも、本書のタイトルに《サブカルチャー》を冠したいと考えた一因です。

さて、前置きが長くなりました。この本はどこからでも読めますので、今すぐ自分の興味のあるコンテンツのページに飛んでくださって大丈夫です。

この本との出会いによって、何か新しく興味のあるものが見つかったり、あるいは、対人援助のお仕事や日常の人付き合いのなかで新たな気づきがもたらされたなら、それほど嬉しいことはありません。

それでは、サブカルチャーのこころの世界へ、いってらっしゃい。

追伸――SNSへの感想の投稿も大歓迎です。ハッシュタグ「#さぶここ」をぜひご利用ください。

参考文献

○宮沢章夫・NHK《ニッポン戦後サブカルチャー史》制作班：編著〔二〇一四年〕『NHKニッポン戦後サブカルチャー史』NHK出版

○宮沢章夫・大森望・泉麻人・都築響一・さやわか、NHK《ニッポン戦後サブカルチャー史》制作班：編〔二〇一七年〕『NHKニッポン戦後サブカルチャー史深掘り進化論』NHK出版

○山岡重行：編著〔二〇二〇年〕『サブカルチャーの心理学――カウンターカルチャーから「オタク」「オタ」まで』福村出版

○山中康裕〔一九七八年〕「思春期内閉――治療実践よりみた内閉神経症（いわゆる学校恐怖症）の精神病理」中井久夫・山中康裕：編著『思春期の精神病理と治療』岩崎学術出版社

第1章

みんながハマるのは、なぜ？

これ、最近よく見るな……流行ってるのかな？

テレビやインターネットから流れてくるニュース、駅の構内や電車の中で目に入る広告、大きなビルの街頭ビジョンや、本屋さんやＣＤショップに飾られた小さなポップ。現代社会で生活していると、私たちは《サブカルチャー》に関する情報にしばしば出会います。

ゲーム、漫画、アニメ、アイドル、YouTuber、ＳＮＳ……興味のない人にとっては、一瞬、目に留まったとしても、それらは、ただの雑音にしかならないでしょう。キャリアアップのための自己啓発本や医療脱毛の広告の方が、実用的で役立つと感じるかもしれません。

しかし、自分の周りの人びとがそれについて話をしていたら、どうでしょうか。

『あれ、見た？』

『見た～、爆笑したんだけど』

家族や友人、あるいは同僚や行きつけの居酒屋の飲み仲間など、身近な人がそれ・・について楽しそうに話していたら、さらには、そんな経験が周囲で同時多発的に起こったとしたら……それまで無関心だったあなたの意識も、ほんのちょっと変わるのではないでしょうか。

「ふーん、あれ・・ってそんなに面白いんだ?」という好奇心が生まれるかもしれません。何なら、手許のスマホでささっと検索して、どんなものか調べてみる人もいるでしょう。

「流行ってるから見るなんて、ださい」そういった抵抗感を抱く人もいるかもしれません。〈いま、若者に人気の〇〇!〉〈発行部数〇〇万部突破!〉〈過去最高、興行収入〇〇億円!!〉といったメディアの煽り文句に踊らされるのは遠慮願いたい。もちろんそれは尊重されるべき態度です。自分の価値観を曲げる必要など、どこにもないのですから(私自身、流行していても好みでないコンテンツは断固、見なかったりします)。

とはいえ、これだけ膨大な量のサブカルチャー・娯楽が溢れかえる現代社会にあって、さらに飛びぬけて人気を博すコンテンツというのは、やはりどんなものか気になるのが人の性（さが）とも言えます。
なぜみんながこんなにそれにハマっているのか、その理由を知りたいという人もいることでしょう。なかには思い切ってそれの世界に飛び込もうとする人もいるはずです。そこから「これは確かに面白い！」と新たな扉を開く人も出てくるかもしれません。
そして何より、それにも興味をもって知ろうとすることで、周りの身近な人びとと話題を共有することができます。『じつは最近さ、自分もあれ、見たんだけど』『え、ほんとですか！　どうでした？』そんなやりとりから始まり、共通の話題で思わず会話が弾む……なんてことも起こるかもしれません。

家族のあいだ、友人やパートナーとのあいだ、仕事仲間とのあいだ、いろんな人間関係のなかで、そうした対話ができたら、ちょっと楽しそうだと思いませんか。

私たちサブカルチャー臨床研究会「さぶりんけん」のメンバーは、日々、カウンセラーとしてさまざまな人びとと接しています。その方たちの多くも、社会の流行と無縁ではありません。彼らはカウンセリング場面でも、学校で流行っているアニメやゲームについて語ったり、仕事仲間で話題になっている映画について教えてくれたりします。「みんなが好きなものを自分も好き」という感覚は、ゆるやかな共同体に包まれているような、ほどよい所属感や安心感を抱かせるのかもしれません。

なかには「みんなは良いと言うけど、私はそうは思わない」といった、ちょっと尖った主張をする人もいます。それはそれで、その人のあり方を表すとても重要な語りです。そうしたこころをしっかりとキャッチし、こころにどのような影響を与えているのかをしっかりと考えておくことには、大切な意義があると思うのです。

この章では、現在〔二〇二三年〕から見て比較的、最近、流行した漫画やアニメ、ゲームや映画について、カウンセラーたちが自身の臨床経験を通して考えたことをまとめました。流行は「すぐに廃れてしまう」という意味で儚いものではありますが、コロナ禍という特殊な時代に私たちが経験したことの記録として、有意義なものになるのではないでしょうか。

01 折れないこころ、つながる想い

鬼滅の刃
コロナ禍
喪失
レジリエンス
エンパワメント

鬼滅の刃　コミックス在庫切れ、入荷未定です!!

二〇二〇年の五月頃、世界中が未知のウィルスの脅威に怯えつつ、それでも年内にはきっとなんとかなるよね……などという淡い期待を抱いていた時期です。当時の私は《鬼滅の刃》という作品について、ほとんど知りませんでした。ですので、そのときも、「ふーん、この漫画、今、人気なんだ……」と、ぼんやり思ったけで終わりました。

そんな私の認識が大きく変わったのは、同年の七月頃です。当時の私は研究の一環で、子どもと関わるカウンセラーの方々にオンラインでインタビューをしていました。研究の目的は、カウンセラーがサブカルチャーをどのように臨床実践に活用しているかを調べる、というものでした。するとそのインタビューのなかで、ほとんどのカウンセラーが、判で押したように《鬼滅の刃》の話をし始めたのです。

『廊下でみんな鬼滅ごっこしてるし、学校に貼ってある手洗いのポスターも全部鬼滅のイラストなんです』――『子どもたちのマスクも炭治郎(たんじろう)とか禰豆子(ねずこ)の着物の柄。グッズ持ってる子とは、そういうとこから話が始まるんです』――『暴れてる子どもたちに「全集中の呼吸！」とか声かけたら、落ち着きを取り戻したりするんですよ』――『プレイセラピーでずっと伊之助役やらされてるんです……』などなど、出るわ出るわ。臨床場面での《鬼滅の刃》エピソードの数々。

●学校現場に勤務するスクールカウンセラーや、自治体の教育センターで働くカウンセラーなど。

▼**サブカルチャー**
プロローグ [p.005]

●《鬼滅の刃》の特殊な呼吸法。体中の血の巡りと心臓の鼓動を速くし体を強化する。

『ぶっちゃけ、今《鬼滅の刃》を知らないと仕事にならないっすよ』――そう断言するカウンセラーもいました。作品ひとつ知らないだけで仕事できないって……そんなことってあるの？　調査を進めるほどに、私の《鬼滅の刃》への興味はむくむくと膨らんでいきました。

続く忍耐、折れないこころ

まず私は《鬼滅の刃》のアニメを視聴することにしました。人を喰らう「鬼」が存在する世界で、主人公の炭治郎（たんじろう）はある日、突然、愛する家族を鬼に惨殺されます。唯一、生き残った妹の禰豆子（ねずこ）もほぼ鬼と化しており、炭治郎は禰豆子を人間に戻すべく、苦しい修行や試験を乗り越え「鬼殺隊」という鬼退治の組織に入隊するのです。

アニメとしての《鬼滅の刃》のクオリティが非常に高いことは、すぐに理解できました。しかしながら、いかんせん炭治郎と禰豆子が置かれた境遇はハードすぎて、「これは……子どもが家族団欒しながら見るような作品ではないのでは？」とも思いました。つらい修行や厳しい戦いの連続、せっかくの努力がすぐに報われないあたりも、逆に「ストレスで欲求不満になってしまうのでは……」と、現代の子どもたちのメンタルヘルスが心配になりました。

首を傾げつつもアニメを見続けていたとき、骨折が完治しないまま新たな鬼との戦闘に入った炭治郎のとあるモノローグが、私に刺さりました。

◆我慢

「俺はもうほんとにずっと我慢してた!!」
「すごい痛いのを我慢してた!!」
「俺は長男だから我慢できたけど次男だったら我慢できなかった」

最初はこの作品特有のシュールなギャグかと思ったのですが、「鬼というのは、

『目に見えないけれども、災いをもたらすもの』というのが起源▼」という指摘にふれたとき、気づくことがありました。

この数年、私たちは感染症という目に見えない災い、すなわち「鬼」に怯えながら暮らしていました。それはさまざまな制限を課された息苦しい生活でした。刻一刻と変わる状況に振り回され、当時の私たちはまさに「我慢の連続」といっても過言ではありませんでした。

その点、炭治郎のもつ忍耐力は相当なものです。彼は命の危険を感じるような修行や試験、圧倒的な強敵や、鬼になった妹の暴走に振り回されつつも、その驚異的な「長男力」で忍耐を続け、刀は折れてもこころは折られず、妹を人間に戻すという目的の達成を決してあきらめません。こうした炭治郎の「折れないこころ●」のあり方が、終わらないコロナ禍で我慢を強いられている子どもたち、さらには、幾度もあきらめそうになる大人たちのこころに、深いところで響いたので

▼佐藤・斎藤〔二〇二二年〕本論末

◆息苦しい生活

◆忍耐力

●弾力性／レジリエンス。悪条件のもとでも、肯定的な適応を可能にしていく動的な過程。

はないでしょうか。

続く喪失、つながる想い

二〇二〇年十月になると、アニメシリーズの続編である映画《劇場版 鬼滅の刃 無限列車編》〔以下、劇場版〕が公開され、興行収入四〇〇億円以上という日本映画史上最大のヒットとなりました。この頃には既に《鬼滅の刃》は、世代を問わず多くの人に知られるところとなりました。

作品のネタバレは控えたいと思いますが、《鬼滅の刃》は〝喪失●〟の物語でもあります。炭治郎は家族を失ったことに始まり、鬼との戦いで大切な仲間を次々に失います。もちろんなかには、仲間とのこころあたたまる交流や希望を感じる展開も織り交ぜられるのですが、それらすら「悲劇」へのフラグ●のように感じられるほど、つらく哀しい出来事が待ち受けています。

●自分にとって大切な人やものを失うこと。情緒的な危機や悲哀といった心の動き。

●これからどうなるかが概ね予測できてしまうような典型的な演出。「フラグが立つ」など。

劇場版の空前の大ヒットが、「長期化する自粛生活の息苦しさに対する反動」だったのではないか、というのはひとつの有力な仮説でしょう。コロナ禍▼では「人とつながることは危険だ」とされていましたから、同じ場所で同じ映画を観て、その話題を共有すること自体が、「会わないあいだに失われそうになっていた、人と人とのつながり」を取り戻させたのではないかと考えられます。

当時、勤務していた大学で、学生の交流のためのオンライン茶話会を開いていました。ある日たまたま参加者全員が劇場版を観ていたため、「どのシーンで泣いたか」について話し合ったところ、『わかる〜！』という共感が飛び交ったのです。共通の話題で盛り上がる、それによって生まれる他者との情緒的なつながり●、これらは、劇場版が人びとのこころにもたらした重要な効果だと感じています。

同時にやはり《鬼滅の刃》は残酷な物語です。劇場版の終盤では、炭治郎が慕っていた人物が、死力を尽くして人びとを守り、鬼と戦い、亡くなるのです。

▼**コロナ禍**
本章04【コロナ禍だから、あつまろう】

◆人と人とのつながり

●利害関係ではなく、お互いに共感したり、気持ちと気持ちがふれあったりするような関係。

「悔しいなぁ」
「何か一つできるようになっても　またすぐ目の前に分厚い壁があるんだ」
「凄い人はもっとずっと先の所で戦っているのに　俺はまだそこに行けない」
「こんな所でつまずいてるような俺は　俺は……」

尊敬する人物の死に対して炭治郎が零す無力感●の涙は、映画を観ている私たちのこころを揺さぶります。ですがそれは、物語の展開が悲劇的だから、というだけではなく、大切なものや人が失われてしまう、こういった体験が現実の私たちにも迫っていたからなのではないでしょうか。

コロナ禍により、私たちは以前より〝喪失▼〟を身近に感じるようになりました。まず、多くの人が当たり前の日常を失いました。なにより、人の死というのは最も重大な喪失です。このように、喪失について深く考えざるをえない時代に、《鬼滅の刃》という作品はあるメッセージを私たちに与えていたのではないかと考え

●自分には力がない、何をやっても無駄、という気持ち。

▼**喪失**
第3章21【活動休止という優しいピリオド】ほか

られます。

「人の想いこそが永遠であり　不滅なんだよ」

これは、鬼殺隊を束ねる人物の言葉です。鬼殺隊は千年にわたり、亡くなった人びとの想いを受け継ぎながら、鬼と戦い続ける組織です。《鬼滅の刃》では次々に仲間が命を散らしていきますが、彼ら、彼女らの信念はさまざまなかたちで、他の人物へと受け継がれていきます。〝喪失〟に脅かされながら生きねばならない現実にあって、この「想いはつながる、なくならない」という作品全体を貫くテーマが、私たちのこころを支え、エンパワメント●▼し、多くの人びとの足を書店や映画館へと運ばせたのではないでしょうか。

「折れないこころ」と「つながる想い」、これら二つの視点は円環のようにつながっています。想いがつながっているからこそ、折れないこころをもつことがで

●個人が自分で問題解決できる力を増強できるよう、支援すること。

▼**エンパワメント** 第3章16【今週末も現場です!】ほか

✦つながる想い

きるのです。炭治郎にとって大きな助けとなるのは、かつて亡くなった父が継承してくれた神楽の舞ですし、その他にもさまざまな「つながる想い」が、炭治郎の「折れないこころ」を支えています。

コロナ禍で、人と人とは直に会ってつながるのが難しくなりました。それゆえに、こころが折れそうになった人もいたかもしれません。もしこれを読んで『鬼滅の刃』に興味をもってもらえたなら、ぜひ作品にふれてみてください。もしかすると、それによって誰かと想いをつなげることができるかもしれません。

参考文献

・佐藤健・斎藤環〔二〇二二年〕『なぜ人に会うのはつらいのか』中公新書ラクレ

02 言葉がもたらす希望と呪い

呪術廻戦

言葉
言霊
両価性

《鬼滅の刃》▼が社会現象となり、世代を問わず多くの人びとに親しまれる作品となった後、「ネクスト鬼滅●」として話題となり、現在もその勢いを拡大し続けている作品があります。

《呪術廻戦》というその作品は、二〇一八年より『週刊少年ジャンプ』誌で連載中の少年漫画です。人間の負の感情から生まれる「呪い」（呪霊と呼ばれる化け物）と、それを呪術で祓う呪術師たちとの闘いを描いたダークファンタジー●バトル漫

▼**鬼滅の刃**
本章01【折れないこころ、つながる想い】

●鬼滅の刃の次に流行する作品。

✦負の感情

●重苦しい雰囲気や悲劇的・理不尽な展開を特徴とするファンタジー。

画となっています。

二〇二〇年にはアニメ化され、その影響でブームに火が点き、全国各地でコミックスの売り切れが続出●、また二〇二一年に公開された映画《劇場版 呪術廻戦0》も大ヒットするなど、《鬼滅の刃》に続くほどの大人気作品となっています●。

《呪術廻戦》は、驚異的な身体能力をもつ高校生・虎杖悠仁（いたどりゆうじ）が、非常に危険な呪いが込められた物体・特級呪物である「両面宿儺（りょうめんすくな）の指」を口にしたところから始まります。虎杖は残虐な「宿儺」の人格を宿すことになり、一時的に身体を乗っ取られてしまいます。その後、「宿儺」とある契約を交わして自分の身体を取り戻した虎杖が、呪い対応の専門機関である「東京都立呪術高等専門学校」に入学し、仲間たちと共にさまざまな呪いと戦うことになる、というのが主なあらすじです。

以下には、原作の展開における重大なネタバレが含まれています。ご注意くだ

●二〇二二年十二月時点でコミックスは二一巻まで発売、累計発行部数は七千万部以上。

●劇場版の国内興行収入は一三七億円以上、世界興行収入は二三〇億円超え。

さい。

言葉と言霊

魅力的な登場人物たちや、ダークでシリアスな世界観、敵味方問わず登場人物が次々死んでいく容赦のない展開や激しいバトル描写など、本作には少年漫画の面白さがぎゅっと詰まっています。加えて、この作品が多くの人びとのこころに響いているのは、さまざまなかたちで描かれる〝言葉〟がもつ力や重みが影響しているのではないかと考えられます。

◆言葉がもつ力や重み

言葉の力や重みと聞くと、「言霊」という言葉が浮かびます。「言霊」はまさしく言葉のもつ力が人に与える影響の大きさを言い表したものです。日本古来の和歌集「万葉集」にも記述されるほど、古くからその効果と力は人びとによって信じられてきました。

◆言霊

たとえば《呪術廻戦》では、言葉で相手を呪い、攻撃する力をもった「呪言師」が登場します。彼が『潰れろ』と言うことで敵が実際に（物理的に）潰れるなど、「言霊」を体現した力をもっているのです。「人を呪わば穴二つ●」という言葉がありますが、強い言葉を使えば使うほど、その言葉を放った呪言師自身にもその効果が跳ね返ってくるなど、まさに言葉のもつ「重み」が視覚的に表現され、描かれています。

《呪術廻戦》では、他にも繰り返し言葉の「重み」が描かれます。約束、秘密の開示、契約……言葉を介した登場人物同士のこれらの行為は、二者関係●をつなぐ重要な要素として、物語のなかでさまざまなかたちで登場します。圧倒的な力をもつ宿儺（すくな）でさえ、主人公とのあいだで交わす誓約を「縛り」と表現し、それを遵守することの重みと、破ることの危険性を述べています。

また戦いにおいても、みずからのもつ能力を言葉で相手に説明する「術式開示」

●他人を呪いで殺そうとすれば自分もその報いで殺され、墓穴が二つ必要になるという意味。

●自分と特定の誰かとのあいだに結ばれる関係。母子関係をはじめとする最も原初的な関係のかたち。

が「縛り」となり力を増幅させる、というこの漫画ならではの設定が組み込まれています。言葉を介して自分自身の力を晒し、みずからを追い込むことにより、さらなるパワーアップが可能になるのです。こうした〝言葉〟をめぐる描写の細かい積み重ねが、読者に言葉の力と重みを実感させることにつながっています。

言葉のもつ両価性——希望と呪い

私たちは言葉によって多様なコミュニケーションをして、さまざまな言葉に触れ、その影響を受けながら生きています。今まで述べてきた言葉の重みや「言霊」についてより深く考えるにあたって、虎杖(いたどり)の祖父や先輩の呪術師が遺した言葉やそのエピソードが手がかりになるように思います。

「オマエは強いから人を助けろ」

「オマエは大勢に囲まれて死ね」

病気で亡くなる寸前に祖父が虎杖に遺したこれらの言葉は、その後の虎杖の信念・行動理念となり、敵と戦うための原動力として彼を支え続けることになります。祖父としては「孤独に死にゆく自分のようになってほしくない」という思いを孫に託したわけですが、虎杖もその思いを背負い、多くの人を助けるために生きていこうとします。

しかしその後、物語が進むなかで、宿儺（すくな）に身体を乗っ取られた虎杖が、罪のない人びとを大量に殺めてしまうという出来事が起こります。虎杖は自分の罪を自覚するとともに、図らずも自分の信念と真逆の行動を取ってしまったことに対し、祖父の遺言がまるで「呪い」のように頭をよぎります。さらにはその直後、虎杖と関係性が深い先輩の呪術師・七海が、目の前で敵に無残に殺されるというショッキングな展開が続きます。七海は死に際に虎杖に対して、それが彼への「呪い」

となることを理解しつつも、

「後は頼みます」

という言葉を遺します。

これらの言葉や一連のシーンは、誰かに「希望や思いを託す」ということは、同時にその人を縛り付ける「呪い」になりうるという〝言葉〟の両価性●を的確に表しています。事実、その後の虎杖は深い自責の念に苦しめられつつも、七海に託された言葉を想起し、再び立ち上がり戦うという「希望▼」を得ることができました。一方で七海が危惧したとおり、ただ「呪霊を殺し続ける」ことのみが自分の役割であるとこころに決め、七海の言葉を「呪い」としても背負っていくのです。

現実においても、こうした〝言葉〟の両価性はさまざま場面で見受けられます。

●アンビバレンスとも。相反する感情を同時に持ったり、相反する態度を同時に示すこと。

▼**希望**
第2章11【傷と血と痛みによる美しき世界】[p.122]

家庭で、学校で、社会で、大人から子どもへ、教師から生徒へ、友達から友達へ、人から人へ……「こうあってほしい」と相手に期待をし希望を託すという一見前向きに見えるこの行為は、ときに「この気持ちにあなたは応えてね」というメッセージとなり、相手に重荷を背負わせる可能性を孕んでいます。この危うさを七海が「呪い」と言い表したように、私たちは言葉のもつ両価性について、より自覚的になる必要があるのかもしれません。

▼家庭・学校
第2章12【「闇落ち」する子どものこころ】〔p.132〕

言葉の重み——あらためて考える

誰かの言葉に傷つけられた、あるいは自分の言葉が誰かを傷つけてしまった。そういったエピソードはカウンセリング場面でもしばしば語られます。同時に、他人の言葉に救われた、言葉によって相手と通じ合えた、そういったエピソードもまた、少なくありません。このような〝言葉〟をめぐる複雑な体験は、多くの人にとって、心当たりのあるものです。

虎杖（いたどり）のこころのなかで、他者からかけられた言葉が信念となり、希望となり、また呪いともなったように、私たちは良くも悪くも、常に他人からの言葉の影響に晒されながら生きています。何気なく無自覚に放った言葉が相手にどのような影響を与えるのか、相手がどのようにそれを受け取るのか、私たちは常に想像する必要があります。

また逆に、相手が放った言葉をこちらがどう受け取りどう解釈するかも、こちら次第とも言えます。相手の言葉に励まされ、支えや希望になることもあれば、一方で、その言葉に傷つき、縛られ、呪いのように苦しむこともあるかもしれません。「消化しきれない言葉を抱えてどのように生きていくのか？」……そうしたことを考えるこころの作業もまた、カウンセリングでしばしば為されていることです。

他人からの言葉だけでなく、自分自身への言葉にも「言霊」は宿ります。虎杖

◆信念

が七海の死を背負い、『ちゃんと苦しむよ』とこころのなかで誓ったように、また、『オマエを殺す』と敵に対してその決意をあらわにしたように、覚悟や決意を示す言葉として、みずからを奮い立たせる力を宿します。自分自身の気持ちを表現する適切な言葉を見つけ、口にすることによって、人は日々を生きる目的や信念を確かなものにすることができるのかもしれません。

言葉というきわめて身近で日常的なツールから繰り広げられるダイナミックな物語、そして言葉でしか表すことのできない繊細な人のこころの機微●。それらが織りなす物語である『呪術廻戦』だからこそ、作中で用いられる〝言葉〟のひとつひとつが、読者のこころの奥深くに響くのではないでしょうか。

✦覚悟・決意

●表面ではわかりにくいこころの動き。

03 眠らない夜の居場所

フォートナイト

遊び
居場所
コミュニケーション
第二の現実
没入体験

みなさんは「ゲーム」▼と聞くと、何を思い浮かべるでしょうか？　ゲームにもいろいろありますが、ここでとりあげたいのはいわゆる「コンピューターゲーム」です。たとえば任天堂の《スーパーマリオブラザーズ》や《ポケットモンスター》シリーズ。いずれも世紀をまたぎ、子どもから大人まで幅広く支持され続けている名作です。何らかのかたちで、これらのゲームに触れたことがある人も少なくないのではないでしょうか。

▼**ゲーム**
本章04【コロナ禍だから、あつまろう】

◆娯楽

ゲームは今も昔も、とりわけ子どもたちにとっては娯楽として大きなウェイトを占めています。それは単なる息抜きに留まらず、ゲームを通じて友達と仲良くなるといったように、私たちの人間関係の構築にも多大な影響を与えています。

ゲーム機器や通信機能が急速に発達した現代では、直接会ってはもちろんのこと、自宅にいながらでもインターネットを介して友達とつながり、プレイができます。また、現実の友人でなくても、ゲーム上でたまたま出会った顔も素性も知らない人とも、一緒にプレイすることが可能になっています。

また現在では、スマホやタブレットなどでもゲームをプレイすることが容易になりました。プレイするにあたっての基本料金が無料というゲームも大幅に増えています。より誰でも手軽にプレイできるようになったことで、「ゲーム」の裾野は広がり続けています。電車でみんながスマホに指を滑らせているのを見るにつけ、「ゲーム」というものがすっかり私たちの生活に溶け込み、根づいていることを実感する人も多いのではないでしょうか。

遊びとして、その中毒性

ゲームが身近なものとして私たちの生活に位置づけられていくなかで、数年前に突如現れ、現在に至るまで爆発的に流行し続けているものがあります。

それが《フォートナイト》という海外製のゲームです。特に小中学生のあいだで多くプレイされており、「クラスで男女問わずほぼ全員がプレイしている」といった話を耳にすることもあるほどです。私がカウンセリングで出会う小中学生の多くも、程度の差はあれ《フォートナイト》に熱中し、多くの時間を費やしています。同時に、保護者の方からも子どもの《フォートナイト》にまつわるトラブルが語られることが、ここ数年でかなり増えています。

《フォートナイト》は二〇一七年に配信が開始された、基本料金無料のオンラインゲームで、さまざまなゲーム機●やスマホでプレイできます。最大百人のプレイヤーが、ある島のなかで最後の一人になるまで生き残ることを目指し、銃など

●プレイステーション4・5の他、Nintendo Switchなどでもプレイ可能。

の武器やクラフト●を用いて他のプレイヤーと対戦するTPSゲーム●となっています。ただ、ゲームに馴染みのない人にとっては、この説明だけ聞いても、それの何が面白いのか、あまりピンとこないかもしれません。ではいったい、このゲームの何が、多くの人を惹きつけてやまないのでしょうか？

ひとつには、《フォートナイト》には誰しもが子どもの頃に楽しんだであろう、さまざまな〝遊び▼〟の要素が散りばめられていることが挙げられます。

逃げる敵を追いかけ、また逆に、追いかけてくる敵から逃げる「鬼ごっこ」、敵に見つからないように隠れたり、潜んでいる敵を探し見つける「かくれんぼ」、敵を正確に狙い、銃で撃ち合う「的当て」や「水鉄砲遊び」、時には武器を持って近づき、直接戦う「チャンバラごっこ」、材料を集めて武器や足場、壁などを組み立てて作る「ものづくり」……そういった「遊び」の原体験のような楽しさを、《フォートナイト》のなかでは安全に、場所を選ばず、何度でも、複合的に味わうことが出来るのです。加えて、ゲーム全体を包むカラフルでポップな色調も相まって、「銃で撃ち合い、殺し合う」という過激な印象は薄まっています。子ど

●材料を拾い集めて足場や壁を建築したり、武器を作成したりするものづくりのシステム。

●サードパーソン・シューティングゲーム。キャラクターを背後から第三者視点で操作する。

▼**遊び**
第2章15【現実と空想のあいだに遊ぶ】

もから大人にまで通じる原初的な楽しさ●・普遍的な親しみやすさ、それが最大の魅力だと言えるでしょう。

そうした〝遊び〟の要素だけでなく、《フォートナイト》のゲームデザイン●自体も、人のこころに大きく作用しているように思います。

「百人から最後の一人になるまで戦い、生き残る」という単純明快な目的と、島の生存可能範囲が時間経過とともに徐々に狭まっていき、命が脅かされるというルールは、人の生存本能に直接訴えかけてきます。「生き残りたい」という人間の根源的な欲求をくすぐるところも、巧みな仕掛けと言わざるをえません。

そのように目的が明確であるため、「成功体験」がわかりやすいということもあります。現代は将来に希望が抱きづらく、自分の努力はいつ実るのか、そういった見通しもちづらい世の中です。新型コロナの流行がそうした閉塞感により拍車をかけています。複雑な社会を生き残り、いかに生きていくかを模索しなければならない現実世界に対して、このゲームのなかでは「ただ生き残る」ことの

●鬼ごっこやかくれんぼなど、誰しもが子どもの頃に経験したようなスリルを含んだ楽しさ。

●ゲームの内容やルールなど、ゲーム全体を組み立てて調整するプロセス。

✦成功体験

✦閉塞感

みを目指せばいいのです。「生存＝成功」という非常にシンプルな構造が、《フォートナイト》が受けている理由なのではないでしょうか。

また、「残り〇人まで残れることが増えてきた」「ヘッドショット●が上手くできるようになってきた」といったことを嬉しそうに語る小中学生ともしばしば出会います。このように、目的達成だけでなく、みずからの成長を実感し自信をつけるという「成功体験」を積み重ねることができるので、彼らにとってはそれが、さらにゲームにのめり込むモチベーションにもつながるのです。

さらに、生き残るに当たっては、自分の実力だけでなく、強い武器を拾えるかどうか、手強い相手と遭遇するかどうかといった運の要素も絡んできます。そのため、一度負けたとしても、「次は勝てるかも」という期待をもちやすくなるのです。一試合がおおよそ数分から長くても二〇〜三〇分という短い間隔ですので、短期的に報酬が得やすい構造にもなっています。そうした偶然性とギャンブル性▼とでもいうべき要素も組み合わさり、《フォートナイト》にある種の「中毒性●」が生まれていると考えることもできるでしょう。

●相手の頭を正確に狙うこと。

✦運

▼**偶然性／ギャンブル性**
本章05【スマホのなかの英雄たち】「ガチャ」[p.059]

●ゲームの優先順位が食事や睡眠、仕事や学校よりも高くなってしまうのは、危険なサイン。

第二の現実——居場所として

《フォートナイト》の抗いがたい中毒性は、「依存」などの問題と絡めて取り上げられることが少なくありません。しかし、先に解説した原初的な〝遊び〟の感覚と同時に、コミュニケーションツールや〝居場所〟としての側面もあります。《フォートナイト》では、ボイスチャット機能により音声でのやりとりが可能であり、現実での友人と会話しながら一緒にプレイすることができます。また、ゲーム上やSNS上で知り合ったフレンドとコミュニケーションを図り、関係を深めるケースも多くなっています。顔や素姓は知らずとも、フレンドたちとチームを組み、仲間を助け、また助けられることで、チームとしての一体感や所属感を強めていくことが可能なのです。

そもそも《フォートナイト》を始めたきっかけとして、「友達がやっていたから」「流行っているから」と話す人はとても多いです。現実でもゲーム内でも、自分の〝居場所〟そして人との「一体感」を求める人が多く、それらを満たしやすい、

●現実の友人やオンライン上の他人と、音声や文字でやりとりしながら遊べる。

▼**居場所**
第2章13【私も隊士になれますか？】

●現実やオンライン上の友人のIDを登録することで対戦や協力プレイができる。

●仮想空間であっても、チームで戦い続けるうちに、プレイヤー間に一体感が生まれる。

多くの人が集う環境である《フォートナイト》をみんながプレイするのは、理に適っていると言えるでしょう。

ゲームをプレイしていない人や、ゲーム内と現実での人間関係が地続きになっている人からすれば、《フォートナイト》はあくまで「ゲームの世界」に過ぎません。しかしゲーム内に〝居場所〟を見出し、そこでの人間関係を重視する人たちにとって、《フォートナイト》はもはや「第二の現実」ともいうべき、現実とはある意味切り離された、別の現実世界として機能しているように思えます。

そのことを助長するゲーム自体の大きな特徴として、「チャプター」と「シーズン」というゲーム内での大きな時間の流れが存在します。シーズンごとにゲーム全体のストーリーが展開し、それに伴いマップも変化し、新しい要素や武器が追加され、プレーヤーはまた新鮮な気持ちでプレイすることができるのです。このように独自の時間の流れがゲーム内に存在し、数ヵ月に一度展開していく世界観のなかで戦いを繰り返す。この構造によって、「仲間とともに世界を生きている」

◆第二の現実

●数ヵ月をひと区切りとして、新たな流れが開まる。

感覚が増すとともに、その世界への没入感●がより促進され、その人にとっての〝居場所〟として感覚が強化されるのではないでしょうか。

《フォートナイト》がその人の居場所になり〝こころの支え◆〟になるというのは大事なことです。ただ、その世界が「第二の現実」になればなるほど、そこでの対人関係にはリアリティ▼が生まれます。

たとえば自分の思いどおりにならないことが増え、他者とのすれ違いや摩擦も生まれやすくなるのです。《フォートナイト》への没入感から人間関係のトラブルに発展してしまうことが続くと、家族や周囲の人たちはゲームを否定的に捉えざるを得ません。しかし、トラブルが起こったときに、本人や周囲がその体験をどのように意味づけ、乗り越え、現実を生きる力◆に変えていけるかを考えることもまた重要です。

そのように考えることによって《フォートナイト》は、人間関係の練習を積み、自分の感情をコントロールする術を身につけ、生きるうえでのさまざまなスキル

●「自分がその世界に本当に存在している」という感覚。

▼没入感／没入体験
第3章18【声を愛する】

▼リアリティ
第5章31【シナリオを生きる人びと】

◆こころの支え
第5章31【シナリオを生きる人びと】ほか

◆生きる力

を学んでいく舞台として、「二つの現実」を橋渡ししていくものとして機能していくのではないでしょうか。

《フォートナイト》に熱中し没頭している人に出会ったら、そこでの体験がその人にとってどういう意味をもっているのか、是非じっくり聞いてみたいところです。栄枯盛衰、この勢いが衰え流行が別のゲームに取って代わられる日がいつか来るとしても、《フォートナイト》の眠らない夜はまだしばらく続きそうです。

04 コロナ禍だから、あつまろう

あつまれどうぶつの森

ストレス
遊び
自己効力感
コロナ禍

二〇二〇年三月二〇日、《あつまれどうぶつの森 Animal Crossing New Horizons》〔通称、あつ森〕は発売されました。新型コロナウイルス▼が蔓延し、全国の学校が一斉に休校となり、年齢に関係なくみんなが日常を送れなくなる、その直前のことでした。

二〇〇一年から続く《どうぶつの森》シリーズ七作目として、Nintendo Switchというゲーム機でお披露目された《あつ森》は、コロナ禍の「巣ごもり需要」も相まって、二〇二二年三月末時点で三八六四万本を売り上げる大ヒット作●となり

▼**新型コロナウイルス** 本章01【折れないこころ、つながる想い】

●任天堂「株主・投資家向け情報」主要タイトル販売実績〔二〇二二年三月末時点〕より。

ました。

二〇二二年現在、《あつ森》がコロナ禍に及ぼしたポジティブな効果▼に関する研究が進んでいます。たとえば、コロナ禍で《あつ森》が、平和なパラレルワールド●への扉を開き、人びとに精神的な安らぎと糧を与えたこと、孤独を解消するため、他者との交流を保つための社会的プラットフォームとして機能していたことに言及する研究者もいます▼。

こうした研究は増えていくものと予想されますが、ここでは、私、自身が《あつ森》で遊んでいたときの、こころの動きを書き留めておきたいと思います。

どんどん広がる、遊び方

《あつ森》の主人公であるプレイヤーは、無人島に移住し、一から生活を始めることになります。最初こそサバイバル生活さながらに、石や木の枝を集めて道

▼松井〔二〇二一年〕本論末

●この世界とは別の世界のこと。ある世界から分岐し、並行して存在する別の世界。

▼Zhu（2021）本論末

具を作り、テント暮らしを余儀なくされますが、捕まえた虫を売るなどしてお金を稼ぐこともできます。ローンを組んでマイホームを建てたり、インフラ整備をすることも可能です。

また、主人公の見た目や洋服もカスタマイズできるので、まるで「私」の分身が島に居るように感じられます。島全体の景色もミニチュアのような遠近感で表示されるため、ドールハウス●を覗き込んでいるような感覚にもなります。

想像以上だったのは、その「遊び方」の幅広さでした。たとえば「マイデザイン」という機能を使えば、世界中の人たちがデザインした服やアイテムを使って、主人公や島を飾り付けることができます。また、現実のインターネット上で情報をやり取りし、いかに効率良く《あつ森》の世界でお金を貯めるかに執心する人もいました。自分でやりたいことを自由に決め、好きに遊ぶことができる、これは最大の魅力と言えるでしょう。

●人形のための模型（ミニチュア）の家。外観よりも内装・家具・調度品等が重視される。

加えて《あつ森》では、他のプレイヤーと交流できることも大きな特徴です。動画投稿サイト▼やゲーム実況サイト●でたくさんの国の人びとが遊んでいる様子を見て、自分たちでもイベントを企画し、集まることがありました。さらにはゲームからインスピレーションを得て新たなストーリーを創り出したり、音楽に歌詞をのせて演奏したり、キャラクターをイメージした小物を作るなど、独自の創作活動が広がっていきました。

目標の設定と実行、他者との交流、表現や創作活動▼まで広げられる「遊び方」の豊富さ。これが、子どもから大人まで、世界各国の人びとが《あつ森》に魅了された理由のひとつでもあったのではないでしょうか。

私たちにもたらしたもの

コロナ禍において、私たちは日々、強いストレスと、先行きの見えない不安に

▼**動画投稿サイト**
第4章26【画面の向こうに手を伸ばす】

●Twitch（ツイッチ）など、ゲーム実況配信に特化したプラットフォームもある。

▼**表現・創作活動**
第4章「創るのは、表現するのは、なぜ？」

包まれていました。そんななか《あつ森》の、のんびりとした雰囲気や変わらない島の日常は、私たちのこころを和ませてくれました。さらに、自分で目標を設定し、実行した分はきちんと成果が返ってくるというゲームのシステムは、自己効力感●とともに、先の見えない毎日に一定の見通しをもたせてもくれました。そして、遊びや二次創作▼物を介して世界中の人びとと交流できるという特徴が、日常でのつながりが途切れた私たちを、再び結びつけてくれたのです。

SNS上でしか会ったことのない友人たちと《あつ森》でひとつの島に集合したとき、ある人がそれを「オンラインオフ会」と呼びました。「オフ会」は通常、オンラインでつながった人たちがオフライン、すなわち現実の世界で会うことを指します。《あつ森》の世界はオンラインなのですが、なぜだかその「オンラインオフ会」という言葉がしっくりきたのを覚えています。

しかしそんな私たちも、生活の規制が緩和し、徐々に仕事や日常生活が忙しくなってくるにつれ、自然と《あつ森》に集う時間は少なくなっていきました。

●自分がある状況において必要な行動をうまく遂行できる、と自分で認識していること。

▼**二次創作**
第4章24【女性が紡ぐ、もしもの世界】

「コロナ禍だから、あつまろう」

それが、私たちの《あつまれどうぶつの森》だったのです。

参考文献

- Zhu, L. (2021) The psychology behind video games during COVID-19 pandemic: A case study of Animal Crossing: New Horizons. Special Issue: Special Issue on COVID-19 and Human Behavior with Emerging Technologies, 3(1), 157-159.
- 松井広志〔二〇二一年〕「失われた日常を求めて――『パンデミック』におけるコミュニケーション指向のビデオゲーム」マス・コミュニケーション研究 19-32.

05 スマホのなかの英雄たち

Fate/Grand Order

多様性
カタルシス
共有
関係性

カウンセラーとしてさまざまな現場で働いてきましたが、スマートフォン上のソーシャルゲーム●の話題には、かなりの頻度で遭遇します。なかでも《Fate/Grand Order》〔通称、ＦＧＯ〕は特に聞く機会が多かったので、「これは一度やってみねば」とプレイし始め、すっかりその世界に魅せられてからしばらく経ちました。《ＦＧＯ》はスマホ向けロールプレイングゲーム●▼（ＲＰＧ）として、二〇一五年にリリースされました。二〇二二年五月までに、総ダウンロード数が二五〇〇万

●ＳＮＳ上で提供されるゲーム。

●プレイヤーがキャラクターを操作し、冒険や仲間との交流を通じ目的達成を目指すゲーム。

▼**ＲＰＧ**
第５章31【シナリオを生きる人びと】〔p.308〕

を突破しており、課金収益は二〇一九年に七一一億円で国内売上一位を記録しているという、非常に人気の高いゲームです。また、メインストーリーの一部がアニメや映画になったり、二・五次元舞台化されるなど、メディアミックスも幅広く展開されています。

まずは《FGO》の元となっているゲームFateシリーズは、願いを叶えてくれる「聖杯」を巡って、魔術師（マスター）が英霊（サーヴァント）を召喚して戦う「聖杯戦争」の物語でした。《FGO》はそのFateシリーズのいち作品として位置づけられます。

ただし《FGO》では、「二〇一六年を最後に、人類は絶滅する」という未来を修復するため、人理継続保障機関フィニス・カルデア〔以下、カルデア〕という組織と、そこに所属するマスター（プレイヤー）が奮闘する物語となっています。プレイヤーは、サーヴァントを召喚し、サーヴァントのレベルを上げながら、敵を倒して物語やイベントを進めていきます。

●アニメ・ゲームを原作とする舞台。

▼**二・五次元舞台**
第2章15【現実と空想のあいだに遊ぶ】

●ゲーム、アニメ、小説、インターネットなど複数のメディアを組み合わせた広告戦略。

●英語では「召使」の意味だが、FGO内では主人公が使役できる「英霊」を指す。

サーヴァントのカードは、ランダムな抽選システム（いわゆる「ガチャ」）によって得ることができます。ゲーム内のイラストは複数のイラストレーターが担当していて華やかですし、サーヴァントたちの衣装や、サーヴァントに有利な効果を発動させる「概念礼装」のカードも豊富にあります。プレイヤーにしてみれば喜ばしい一方で、ガチャでは思うように手に入らないという苦しみもあり、お気に入りのキャラクターや衣装、概念礼装がほしい！　という欲望から、高額な課金に走ってしまうことも少なくないようです。

●本来はカプセルトイの販売機のこと。現在はゲームで抽選でアイテムなどを取得すること。

●ゲームに料金を支払うこと。必要なアイテムなどを短時間で多く獲得することができる。

サーヴァントの多様性

従来のFateシリーズとの大きな違いのひとつとして、Fateシリーズではマスター一人につき一騎のサーヴァントしか召喚できないところを、《FGO》では複数のサーヴァントを召喚できることが挙げられます。サーヴァントとは、「英雄が死後、人びとに祀り上げられて精霊の域までに達した存在」と作中で定義されており、史実上の人物から、神話、伝説や物語の登場人物と、さまざまな出典による多様な英雄が揃っています。

基本的に、サーヴァントには出典に沿って、「クラス」と呼ばれる役割が当てられています。例えば、中世の騎士道物語として有名な『アーサー王伝説』のアーサー王が元となっているサーヴァント、アルトリア・ペンドラゴンは、「剣を抜いて王になった」という聖剣伝説から、セイバー（剣士）クラスとして召喚されます。一方で、同じ人物を元にしていても、アーチャー（弓兵）やランサー（槍兵）といった異なるクラスの別個体として召喚される場合があり、このアルトリアは、クラス違いなどで十種の同位体が存在します。

他の多くのゲームでは、カードごとに衣装やセリフは変わるものの、同じ人物であれば性格などは一貫しています。しかし《FGO》では興味深いことに、元が同じ人物であっても、クラスが違えば年齢や性格、能力や性質も異なります。英雄のもつ多様な側面の一部がそれぞれ切り取られ、各クラスに振り分けられ、前景化されているのです。

●二〇二二年六月時点で、三四三騎が実装されている。

●もちろん物理的なカードではなく、スマホ上のイラストデータとしての「カード」である。

●豪華な声優によるセリフを聞けることも魅力の一つ。

▼**セリフ**
第3章18【声を愛する】

当たり前のことですが、人にはいろいろな面があります。どの場面でもまったく同じという人もたまにいますが、たいていの人は場面に応じて、「顔」▼を使い分けているのではないでしょうか。

名だたる英雄のような人物でもさまざまな側面があること、それらの一部を切り出して独立させるようなキャラクター造形は、どんな人にでもいろいろな「顔」があるということを象徴しているように思えます。プレイヤーは英雄のもつさまざまな側面を知ることで、お気に入りのサーヴァントを見つけることができますし、気になった英雄の背景を調べていくなかでまた新たな発見をするなど、奥深い楽しみ方ができるのではないかと思います。

▼**ペルソナ**
第2章07【仮面の下は光か影か】[p.087]
第5章31【シナリオを生きる人びと】

関係性の多様性

✦関係性

拠点であるカルデアには、複数のサーヴァントも含め、多数の人びとが生活をしているという描写があります。ほとんどのサーヴァントは概ねマスターに対して好意的ですが、その感情にも幅があります。友愛や恋愛とも思える感情、尊敬や親愛と種類もさまざまですし、かなり重い感情を向ける者もいれば、あっさりした軽い感情の場合もあります。

サーヴァント同士が向け合う感情はさらに複雑で、出典元となる神話や物語で激しいやりとりのあった者たちは、サーヴァントとして召喚されてからも関係がぎくしゃくしたり、衝突することがあります。その一方で、過去のことは一旦置いておいて、うまく付き合おうとする者もいます。また、史実や物語上では交わったことのない者同士が新たに交流をもつこともありますが、意気投合する場合もあれば、反りが合わない場合もあります。必ずしもポジティブだけではない、さまざまな関係が、ひとつの生活空間に併存しているのです。

◆空気を読む

私たちは日常のなかでさまざまな人に出会います。人間関係においてはここ二十年程、「空気を読む」という言葉に代表されるように、周りをよく見て人に合わせ、波風を立てずうまくやるべきであるというプレッシャーが強くなったように思います。あるいは斎藤が指摘するように、「スクールカースト●」の上位に位置するには「コミュ力●」が求められ、その場で求められているキャラからズレたことを出来ないという話も聞きます。▼そのせいか、関係が円滑に行かなくなった際、「うまくできない自分が悪い」と自分を責める気持ちになってしまうという訴えを聞く機会が多いように思います。

確かに、心地よく生活するためには、人間関係を円滑に進めるに越したことはありません。しかし本来、人間関係には多様な感情が動くものです。関係が揺れることを恐れすぎず、「自分以外の人がたくさんいれば、それだけ多くの感情があり、異なる関係性がある」ことを意識するのが大切なのではないでしょうか。カルデアでは、好意や悪意、あるいはそんなに単純には分類できない複雑な感情、それらを孕んだ多様な関係性が一ヵ所に存在しています。《FGO》はそうした人間関係のあり方が可能であることを示し、肯定しているようにも思えるのです。

●学校における生徒間の序列を、インドの身分制度であるカーストになぞらえた和製英語。

●コミュニケーション能力。対人関係において意思疎通をスムーズに行う能力のこと。

▼斎藤〔二〇一三年〕本論末

反応の多様性——シェアされるカタルシス

さて、ここまではゲーム内の話をしてきましたが、最後に私たちプレイヤー側についての話をしたいと思います。

電ファミニコゲーマーの記事で、かえるD▼は《FGO》について、「ストーリー定期配信プラットフォーム」だと指摘しています。ほとんどのソーシャルゲームが物語の完結しない「関係性の物語」であるのに対し、《FGO》は連載漫画●のようなライブ感や、次のストーリーが待ち遠しくなるような「展開性の物語」であり、従来の小説や映画のように、完結にたどり着く物語だとされているのです。これによりプレイヤーは、その物語に深く関わっている感覚をもつとともに、「物語を最後まで見届ける」というカタルシス●▼を得ることができるのです。

《FGO》に限らず、物語というものは必ずしもポジティブなわけではありません。そして、物語によって揺り動かされる感情は、しばしば一人では抱えきれないこともあります。《FGO》においても、各章のエンディングに至るまでの

▼かえるD［二〇二〇年］　本論末

●雑誌などに続き物として掲載される漫画。週刊連載であれば毎週内容が更新される。

●もやもやした気持ちが芸術作品などを通して解消されること。浄化作用。

▼**カタルシス**　本章06【凍りつき、溶けだす姉妹】第3章16【今週末も現場です！】

道筋が険しく、つらさを感じるかもしれませんし、設定や内容自体にもやもやしたりすることもあるかもしれません。いまだに完結には至っていませんが、この先、本編の結末に衝撃を受ける可能性もあります。

しかし《FGO》のように、物語を追っている人数が多い場合、身近でプレイしている人ともやもやした気持ちをシェアできたり、SNSに自分の感想を投稿して、誰かが反応してくれたりする確率が高くなります。あるいは、ちょっとSNSを検索するだけで、同じような気持ちになっている人を見つけることもできるかもしれません。一人では整理できない感情も、誰かとシェアできるとそれだけで軽くなることがあります。あるいは、自分とは異なる感じ方をした人を見つけたりすることで、物語の見方が変わることもあるでしょう。

一方で、完結によって得たカタルシス自体やポジティブな感情も、分かち合うことができます。多くの人びとで物語をシェアするということは、自分の気持ちの受け皿があるということ、反応の多様性やカタルシスを共有することにもつながるのです。

✦つらさ
✦もやもや

▼**シェア／共有**
第4章23【知らない誰かが認めてくれる】第5章29【伝える・伝わる・心通わす】ほか

✦多様性

近年、多様なものに触れる機会が多い世の中になったと感じます。自分と異なるものを受け入れるのは、時には難しく感じることもあるかもしれません。《FGO》には、そうした難しさも含め、いろいろな〝多様性〟を包み込むような大きな世界が広がっていると感じます。キャラクター、関係性、そしてプレイヤーの反応……それらの多様性に今、多くの人びとが惹きつけられているのではないでしょうか。

参考文献

・電ファミニコゲーマー〔二〇二〇年〕「なぜ『ＦＧＯ』はここまで大ヒットになったのか？――『ＦＧＯ』がソーシャルゲーム界の〝特異点〟となった三つの根拠」URL:https://news.denfaminicogamer.jp/kikakuthetower/200721a#i-3〔最終閲覧日：二〇二一年六月八日〕
・斎藤環〔二〇一三年〕『承認をめぐる病』日本評論社

06 凍りつき、溶けだす姉妹

アナと雪の女王

同胞葛藤
カタルシス
コンプレックス

「ありのままの姿見せるのよ」

朗々と歌い上げながら、エルサは魔法で自分だけの城を築いていく……。

そのワンシーンが記憶に残っている人も多いのではないでしょうか。

二〇一四年三月に公開されるやいなや、『アナと雪の女王』（以下、アナ雪）は世界的なヒットを記録し、世界映画興行収入は一二億ドルにも及びました。日本でも瞬く間に流行り、いたるところで主題歌〈レット・イット・ゴー（ありのままで）〉が聞かれ、結婚式では多くの新郎新婦が劇中歌〈とびらを開けて〉に合わせたパフォーマンスをし、その年の紅白の企画では、日米のキャストが共演するなど、まさに《アナ雪》フィーバーの様相でした。二〇一八年からはブロードウェイでミュージカルの上演が始まり、日本でも二〇二一年に劇団四季にて上演が開始されています。

《アナ雪》公開の翌年十月、友人とディズニーランドに行った折のことです。当時ハロウィンの時期には仮装●をしている人もなかなか多く、「見てるだけで楽しいね」「あれはもはや本人だね」などと人さまの仮装の鑑賞を満喫していたのですが、そこでふと一組の、両親と小さな姉妹の家族連れに目が留まりました。その姉妹は、姉がエルサのドレス、妹がアナのドレスを着ていたのです。他にも何組か同じような家族を見かけました。「あの子たち、エルサとアナになれて嬉しそうだな」とほっこりしつつ、彼女たち自身もエルサとアナそれぞれに自分のことを重ねているのかもしれない……という思いが浮かんできました。

●ディズニーランドではハロウィンの期間だけ仮装が許可されている。

《アナ雪》はアンデルセン童話《雪の女王》をモチーフにした物語です。氷や雪を生み出す魔法の力をもって生まれたアレンデール王国の王女エルサと妹のアナは、あるきっかけで幼少期を別々に過ごします。映画では、成長したエルサとアナが紆余曲折を経て、お互いを思いやる「真実の愛」●に気づいて絆を取り戻し、手を取り合って生きていくまでが描かれています。

なぜ《アナ雪》がこれほどヒットしたのか。曲や歌詞が良いから、王子に頼らない自立した女性像を打ち出したから、経済戦略の勝利など、たくさん分析されています。きっと多くの要因が重なってのことなのでしょう。私はそのなかのひとつとして、《アナ雪》が姉妹の物語であることが挙げられると考えています。

●昔のディズニー作品では、プリンセスと王子との愛が「真実の愛」として描かれがちだった。

きょうだいというもの

親子という縦の関係でもなく、かといって同年代の横の関係でもない、その中間にある関係が〃きょうだい〃関係です。年齢差などさまざまな違いにもよりますが、たいていの場合、きょうだいは接する時間が長く関わりが多いため、ポジティブな感情だけではなく、時には嫉妬や反発といったネガティブな感情▼も抱くことがあります。

意識してもしなくても、多くの〃きょうだい〃は親の愛情を競い合うライバル関係にあります。この、親の愛情をめぐって沸き起こる複雑な感情のことを〈同胞葛藤●〉と呼びます。これは親が特定の子どもを贔屓する家庭だけで起こるものではありません。どんなに親が気をつけて接していても、お互いを意識することは避けられないのです。相手きょうだいの方が優れていると感じたり、評価されているのを見たりすると、「自分はどうだろう」と、きょうだいへのコンプレックスも生まれます。特に姉妹（あるいは兄弟）の場合、生物学的な性別が同じなので、一般的に、お互いを比べる気持ちは強くなります。

岡田▼は、きょうだいコンプレックスの根底には、①自分の分まで親から愛をもらったきょうだいに対する嫉妬、②理想化されたきょうだいのイマーゴ（こころ

▼**ネガティブな感情**
本章02【言葉がもたらす希望と呪い】「負の感情」［p.031］

●親からの愛情をめぐって兄弟姉妹（同胞）に対して抱く複雑な感情。

▼岡田尊司［二〇一五年］『きょうだいコンプレックス』幻冬舎新書

を支配する理想像）へのとらわれ、③愛着した存在から裏切られた、見捨てられたという思い、という三つの要素があるとしています。もちろん仲の良いきょうだいも存在しますが、きょうだいと葛藤（コンプレックス）は切っても切れぬ関係なのです。

●重要な他者とのあいだに形成される特別な情緒的な結びつき。母子関係など。

▼**愛着**
第5章33【ここに居ること、そこに在ること】

●心の中で相反する感情や欲求、動機が衝突すること。

エルサとアナ、の場合

魔法の力が強くなったエルサは、両親と一緒に力のコントロールを試みますがうまくいかず、ずっと部屋に閉じこもることになり、一方のアナは一人で遊ぶことが多くなります。映画を観ている限り、両親はそれぞれにうまく関わっているように思えますが、エルサとアナは、両親が自分ではないきょうだいにどのように関わっているのか知ることはできません。また、自分の力を必死に抑え、「いい子でいなければ」と言い聞かせるエルサと、遊べなくて寂しいけれども姉を遊びに誘い続け天真爛漫に歌うアナでは、性格も正反対です。現実にこのような状況が続けば、自分たちの置かれている状況に不満を抱き、同胞葛藤が強まりそうなところです。しかし、ここで不幸なことに、両親が亡くなってしまいます。劇中歌〈雪だるま作ろう〉のなかでアナは歌います。

「私たちはもうお互いしかいない。私とあなただけなの。私たちどうすればいいの？」

《アナ雪》の原題は"Frozen"ですが、そのタイトルのとおり、突然、両親という支えを失い、姉妹の関係も、家族の関係も凍りついて、二人は途方にくれてしまうのです。

エルサの戴冠式で二人は再会を果たしますが、その場で突然、アナが出会ってすぐの王子と婚約すると宣言します。アナのこの行動は、実家から距離をとり、今の状況を打破するための行動にも思えますが、エルサはそんな妹を心配し、結果として力を暴走させてしまい、王国は雪に閉ざされてしまいます。

《アナ雪》では、エルサとアナがお互いを妬む気持ちを露わにする描写はありません。ディズニープリンセスたちは往々にして強く、慈愛に満ちたこころをもち、妬み嫉みのようなネガティブな感情とは無縁の存在に思えます。しかし、観ている私たちは二人の関係に対し、いろいろなことを感じるのです。

エルサとアナを通して見えるもの

ある日、知人が、『アナ雪、観たよ』と話してきました。彼女には妹が一人いるのですが、この映画を妹と一緒に観たそうです。観終わった後、妹がぽつっと『姉っていうのも大変なんだなって思った』と彼女に言い、彼女も自然と『妹もいろいろ考えているものなんだね』と返していたとのことでした。彼女は、甘え上手な妹との関係にずっと葛藤を抱えていましたが、この映画を観て、妹の感想を聞き、少し気持ちが楽になったと言うのです。

この知人の他にも、この映画を観て自分のきょうだい関係と重なったという話はちらほら聞くことがありました。

この映画の監督であるクリス・バックとジェニファー・リーは、姉妹関係をよりリアルに描くために、ディズニー社内で姉妹のいるスタッフを集め、「シスター・サミット」というグループを作りました。監督たちはその「シスター・サミット」で話し合っているときに、メンバー皆が同じような経験を共有していたと語っています。その情報を元に作られているのですから、観る人が共感できる部分が多くなるのもうなずけるというものです。

この映画では、エルサとアナどちらの心情も丁寧に描かれています。身内のことを冷静に客観的にとらえるのは、とても難しいことです。しかし、少し距離のあるところから他人事として見ると、思ってもみない気づきを得ることがあります。たとえば「エルサは、力のないアナをうらやましく思ったんじゃないか」、「アナは、何故エルサばかり構われるのかと嫉妬したんじゃないか」など、観る人がきょうだい関係のなかで感じた自分の思いをキャラクターに投影することもあるでしょう。それは、幼い頃のほろ苦い思い出かもしれませんし、今まさに抱えて

●姉妹たちによるリアルな意見やアイデアが作品にリアリティを生んだと考えられる。

◆うらやましさ

◆嫉妬

いる葛藤かもしれません。それは同時に、「自分も悩んだけど、きょうだいも悩んだのかもしれない」と、相手の気持ちを想像することにもつながるのです。

もやもやした気持ちが、芸術作品などを通して解消されることを、カタルシス効果▼といいます。《アナ雪》は、きょうだいそれぞれの視点で描かれていることで、自分の気持ちを代弁してもらったり、互いの気持ちを知る糸口をもらったりしたと感じ、同胞葛藤を抱える人にカタルシスを与えるのではないかと思います。さらには、この映画がポジティブな結末を迎えることによって、現実のきょうだい関係もうまくいくかのような希望を、観る人に抱かせてくれます。だからこそ、《アナ雪》は多くの人のこころを動かしたのではないでしょうか。

身内でも、というよりは身内だからこそ、隣の芝は余計に青く見えてしまうのかもしれません。この映画は、「きょうだいの芝もそんなに青くないかもよ」とそっと教えて、複雑なきょうだい関係に寄り添ってくれる、そんな作品でもあるのです。

▼**カタルシス効果**
本章05【スマホの中の英雄たち】〔p.064〕

ところで、《アナ雪》において姉妹の関係は修復されたかのように見えますが、実はスタート地点に立ったに過ぎません。短編《エルサのサプライズ》《家族の思い出》で、二人はまだぎくしゃくしながら、徐々に歩み寄り、《アナ雪2》において二人がそれぞれの居場所を見つけることで、ついに関係が完全に修復されます。もう何があっても凍りつかない――《アナ雪》シリーズはそんな姉妹の歩みを描いた、こころ強い物語なのです。

参考文献

* 中島義明・安藤清志・子安増生・坂野雄二・繁桝算男・立花政夫・箱田裕司編〔一九九九年〕『心理学辞典』有斐閣

第2章
長く楽しまれているのは、なぜ？

実家に帰省した折、ちょうど日曜日の朝でしたので、テレビで仮面ライダーを見ていたところ、母から『何、見てるの？』と声をかけられました。仮面ライダーだと答えると、母は『えっ、仮面ライダーって、まだやってるの？』と驚いた様子でした。

母曰く、子ども（私と兄）が小さい頃に見たような記憶はあるが、今も続いているとは思わなかった、とのことでした。私は懇切丁寧に、現在、仮面ライダーは毎年九月に切り替わりながら、一年かけてひとつの作品を放映しているのだと説明しました。母は『へえ、わたしの頃は月光仮面だったけどね』と、よくわからない返答をしていましたが、もしかすると、アラフォーになった娘が休日の朝に仮面ライダーをリアルタイムで視聴していること自体が、理解不能だったのかもしれません。

この章で扱われているサブカルチャーは、数十年にわたって続いているものがほとんどです。特撮、アニメ、アイドルといった王道のサブカルチャーに加え、名作映画と呼ばれるものや、かつて色物として扱われた音楽ジャンルなど、幅広いジャンル／コンテンツを集めました。目次をざっと眺めていただければ、「名前を聞いたことがある」「そういえば昔好きだった」「大人になってからハマり直した」というものが、ひとつくらいはあるのではないでしょうか。長く楽しまれているということは、それだけ多くの人に愛されている、人気がある、ということですから。

私たちはカウンセラーとして、カウンセリングに来られる方から、こういった比較的長い歴史をもつジャンル／コンテンツの話題を聴くことがあります。彼ら・彼女らが何をきっかけにそれを知ったのか？　たとえば親の影響なのか、きょうだいの真似なのか？　友達との話題づくりのためなのか？　――そうした情報から見えてくる人間関係もたくさんあります。

何よりも、その人がなぜそれを好きなのか、どんな風に好きなのか（「愛で方」とでも言いましょうか）を知ることが、その人の「人となり」、そして〝こころ〟を理解するうえで非常に役に立つということを、私たちは身をもって経験してきています。だからこそ、「あぁ、あれみんなに人気だもんね」「ずっと続いてるもんね」で終わらせず、なぜ、あのコンテンツはあんなに長く楽しまれているのだろう？　と日々、考察を巡らせているのです。

とはいえ、長く続くジャンルやコンテンツを好きになる「理由」や、その「愛で方」をどのように理解するかは、はっきり言ってケースバイケースです。それらは結局のところ、個々の人間によって異なります。

ですので、あくまでこの章で提示されているのは「このジャンル／コンテンツはこういう見方もできますよ」という仮説のひとつにすぎません。この章を読まれたみなさんに「こんなふうに考えられるのか〜」と新たな発見があれば幸いですが、「これはちょっと違うんじゃないかな」「わたしならここの部分はこう考えるな」など、ご自身でさらなる深読みをしてくださることも期待しています。

さて、長年続くジャンルやコンテンツは、思わぬ展開をもたらすことがあります。あるとき私は、カウンセリングで思春期の男子と会っていました。彼はサブカルチャー大好き、ゲーム大好きという今どきの子でした。ただ、父ひとり息子ひとりの父子家庭で、主な困りごとは学校への不適応でしたが、話の端々に父との関係に難しさを感じていることが滲み出ていました。

あるとき、彼はこんなことを語り出しました。

父と初めて、映画に行きました。仮面ライダーの……。

その映画は仮面ライダーシリーズ何十周年かのメモリアル作品で、令和だけでなく、平成や昭和の仮面ライダーたちが続々と登場する、特別な内容でした。映画の鑑賞後、感想を語り合うなかで、彼は、父が少年時代に仮面ライダーを好んで見ていたことを教えてもらったそうです。

厳格で、自分の趣味にも関心を示さず、まったく相容れないように思えていた父とのあいだに、ふいに生まれたつながり。そんなエピソードについて、彼は少し戸惑ったように、はにかみながら語ってくれました。

じつは私もその映画を観ていたので、彼の話を聴いたときは、じーんと胸が熱くなりました。このとき、私と彼とのあいだにも、仮面ライダーについて語れる関係が生まれたのです。長く続いている作品を知ることによって、このように、世代を超えた交流もできるようになります。

ボクが子どもの頃は、これが好きだったんです。

あ、それ、わたしが大学生のとき見てたやつ！

というように、世代の違いを感じつつも、同じ感覚を共有できること、それは長く続くジャンルやコンテンツだからこそ可能な、稀有な体験なのではないでしょうか。

07 仮面の下は光か影か

仮面ライダー

ペルソナ
シャドウ
個性化（自己実現）

『あなたにとってのヒーローは？』

そう聞かれたとき、大人ならば、スポーツ選手や芸能人など、実在の有名人を思い浮かべる人が多いかもしれません。でも、同じ質問を小さい子どもに投げかけた場合、おそらく多くの子どもは、特に男の子はこう答えるでしょう、『仮面ライダー！』と。

子どもが一度はその姿に憧れて真似をする《仮面ライダー》シリーズは、

一九七一年の放送開始以来、長年にわたって多くの視聴者に愛され続けています。現在では日曜朝の「スーパーヒーロータイム」●という放送時間帯や、変身ベルトなどの関連玩具も含めて、一見、子ども向けの番組のように思われがちですが、決して子ども騙しではない、大人も唸らせるシリアスでドラマティックなストーリーや、複雑な人間模様が展開する作品も多く、大人になってからハマったという話も多く耳にします。私もその一人です。

このように《仮面ライダー》シリーズが世代を超えて、長年にわたり多くの人を惹きつけ続けている要因として、私たちのこころの機能や、その成長過程を考えてみたいと思います。

倒すべき敵——光と影の関係性

シリーズ第一作●の《仮面ライダー》はそもそも、敵の組織ショッカーに捕まり

●テレビ朝日系列（ANN）で放映される特撮ドラマの時間帯。

●一九七一年放送開始の『仮面ライダー』。主演・藤岡弘。

改造人間となった主人公がその力を利用して悪と戦う、というように、敵側のもつ力をルーツに、戦う力を得て、大切な人や世の中を守るためにその力を振るうというところから始まっています。時代が移り変わり、シリーズが積み重なっても、そうした力を使って戦うという要素は一貫しており、《仮面ライダー》を定義づけるものとして、そのフォーマットは守られ続けています。

各作品の主人公は、変身ベルトによって敵側の力を利用し変身することで、仮面をかぶった「仮面ライダー」という名のヒーローとして生きることになります。ある意味で主人公はヒーローを演じ、戦うことを義務づけられ、また周囲からもそうすることを求められるのです。

人は多かれ少なかれ、その場や周囲との関係性に応じてその役割や振る舞いを変えながら世の中に適応し、生きているわけですが、本来、戦う力をもたなかった主人公が変身し、「ヒーローとしての仮面をかぶって戦うこと」、それは「人間が社会に求められる役割を演じる外的側面」、ペルソナを体現しているとも言え

●「同族同士の争い」「親殺し」「自己否定」の三要素は仮面ライダーの定義。

▼白倉〔二〇二一年〕本論末

▼**関係性**
第1章05【スマホのなかの英雄たち】ほか

●心理学者C・G・ユングはこのこころの機能を「仮面 persona」と呼んだ。

▼第5章32【すぐそばにある嘘と裏切り】

るでしょう。

ただ、その仮面ライダーが倒すべき敵たちはもともと自分と力の起源を同一にする「同族」でもあります。そんな敵が体現する暴力性・衝動性・破壊衝動といったものは、仮面ライダー自身のなかにも同様に存在しているものであり、仮面ライダーと敵とは「映し鏡」の関係ともいえます。これは、私たちの「隠したい部分、認めたくない自分の裏の一面」、シャドウ●が外に現れたものと捉えることもできるのではないでしょうか。

敵との戦いを繰り返すなかで、対話を試み、相手の信念や思いを理解し、みずからの「裏の面」と向き合うかの如くその存在を受け入れていく、という「勧善懲悪ではない」戦いのプロセスが描かれることもあります。つまり、正義が悪を倒すという単純な構図ではなく、「正義－対－もうひとつの正義」という葛藤▼が表現されるところが、近年の仮面ライダー作品の特徴ともいえるでしょう。

そうした戦い、「映し鏡」の構図は、ここ数年のシリーズにおいて、さらに踏

●ユングはこのこころの機能を「影 shadow」と呼んだ。

▼**葛藤**
第1章06【凍りつき、溶け出す姉妹】〔p.071〕

み込んで描かれることが増えてきています。それには、仮面ライダーシリーズで「お約束」となっている、あるひとつの要素が関係しています。

フォームチェンジ――個性化（自己実現）の過程

《仮面ライダー》シリーズ、特に「平成ライダー」●以降の作品に共通する大きな要素として、物語の進行とともに、強力な敵に立ち向かうために主人公らが新たな力を得てパワーアップしていく姿が繰り返し描かれます。その際、〈フォームチェンジ〉というかたちで、見た目や姿が変化・進化し、視覚的にもパワーアップしたということがわかりやすくなっています。

最初の姿「基本フォーム」から始まり、作品によってその数に違いはありますが、さまざまなフォームを経て、物語終盤には「最強フォーム」と呼ばれる姿に変化していく過程が、物語の盛り上

●二〇〇〇年放送の『仮面ライダークウガ』から始まった一連のライダー作品の呼称。

がりと連動して描かれていきます。

　ただし近年の仮面ライダーでは、物語の中盤もしくは終盤にかけて、「暴走フォーム」と呼ばれる状態に陥ることが非常に多くなっています。内なる力に飲み込まれ、みずからのコントロールを失うことで仲間や大切な存在を傷つけてしまうなど、文字どおり「暴走▼」してしまうわけです。

　たとえば二〇一七年放送の仮面ライダー《ビルド》においては、主人公桐生(きりゅう)戦兎(せんと)が「ハザードフォーム」という真っ黒な姿になり、自我●を失い、人の命を意図せず奪ってしまう、といったハードな展開が描かれます。桐生は自分が人の命を奪ってしまったという事実に耐えられず、自責の念にかられ、「もう戦いたくない……」「とんでもない過ちを犯した」と絶望し、苦しみます。しかし仲間や敵との対話を通して、大事なものを守るため、そして自分の信じた正義のため、「痛くても苦しくても戦うしかない」と、半ば無理やり前を向こうとします。

　その後も桐生戦兎はハザードフォームに変身せざるを得ない状況が続き、その

▼**暴走**
本章12【「闇堕ち」する子どものこころ】「不適応行動」〔p.133〕

●こころの機能。欲望を制御したり、規範に従うなど、現実の環境に適応するためにはたらく。

力を制御できずに暴走を繰り返しますが、仲間の助けや支えのおかげもあって、みずから奪った命、すなわち殺した相手の死を背負う覚悟をし、「自分がそもそも何のために戦っていたか？」という原点の問いに立ち返ります。「ラブ&ピースのために」という本来のポップさを取り戻しつつも、ヒーローとしての自分のあり方や存在意義を見つめ直し、凄惨な戦争を自分が終わらせるということを強く決意したことで、桐生戦兎はようやく、ハザードフォームの力をコントロールする術に辿り着くのです。

それまでの自分が失われてしまうような重く苦しい体験を経て、それでも新たに自分を再構築し、再び敵に立ち向かっていくというこころの動きを数話かけて描写する、というこの構成は見る者の胸を打ちます。作品によって描かれ方に違いはありますが、どれもが、従来どおり順調にパワーアップしていくよりも、より深いドラマ性を生み出しているように思われるのです。

「仮面ライダー」という役割（ペルソナ）の裏に潜むみずからの影の部分（シャドウ）

◆存在意義
●アイデンティティの拡散・確立のプロセスでも、こうした「自分のこころの再構築」が生じる。

▼**再構築**
第2章11【傷と血と痛みによる美しき世界】
〔p.126〕

を自覚し、見たくない自分、今まで見ようとしなかった自分と向き合い、「ヒーローとしての自分とは何か」を考えることで、こころが成長し、最強フォームに近づいていくという過程が、ここに見られます。

それは「個人に内在する可能性が実現した状態」になることであり、その過程とはつまり、生涯を通してのこころの成長に他なりません●。仮面ライダーというヒーローがフォームチェンジを繰り返し、苦しみつつも「最強フォーム」に至るという、ひとつの成長モデルかもしれません。

敵と戦うことや、対話し理解を試みることは、仮面ライダーの物語のなかで今までも描かれてきました。さらに最近では、対敵のみならず、仮面ライダー同士の関係性のなかでも、そうした過程が描かれることがあります。いわゆる《2号ライダー●》など、他の仮面ライダーとの衝突もまた「もう一人の自分」との戦いでしょう。このように多くの視点から人のこころの成長過程を示してくれているところが、仮面ライダーの魅力のひとつだと考えられます。

●ユングはこうした成長を〈個性化〉〈自己実現〉と呼んだ。

●主役ライダーとは別の、二人目の仮面ライダー。

シリーズが描き出す「人間」

二〇二一年に、仮面ライダー五〇周年&スーパー戦隊シリーズ四十五作目記念作品として《セイバー+ゼンカイジャー　スーパーヒーロー戦記》という映画が劇場公開されました。今までの集大成ということもあり、劇中で仮面ライダーはフィクションとして位置づけられ、原作者の石ノ森章太郎氏が登場するという、メタ的な視点を含んだ作品になっています。そのなかで当時放送されていた仮面ライダー・セイバーの主人公が、悩み苦しむ原作者の石ノ森章太郎に言葉をかけるシーンがあります。

「正義でもあり、悪でもある、それって人間ってことだろ？　君はヒーローを通じて人間を描こうとしているんだ」

●『秘密戦隊ゴレンジャー』から始まる、日本の特撮テレビドラマシリーズ。戦隊もの。

●物事をひとつ上の視点から客観的に眺める・俯瞰すること。

映画を通してのこの制作側からのメッセージは、まさに、私たちが仮面ライダーに何を感じ何を見ているかを、端的に言い表しているように思います。私たちは仮面ライダーというヒーローの活躍を目にしながらも、ただその姿に憧れ楽しむだけではなく、その仮面の下に潜む光と影、その両方を兼ね備えた一人の「人間」としての仮面ライダーの葛藤や成長に、みずからを重ね、みずからの理想を見出しているのです。

◆理想

毎年九月に始まる新しい《仮面ライダー》シリーズに、私たちはこれからもこころ動かされ続けていくことでしょう。

参考文献

・白倉伸一郎・國分功一郎〔二〇一二年〕「存在論的なヒーローのために／平成仮面ライダーの正義と倫理」『ユリイカ』総特集：平成仮面ライダー〔九月臨時増刊号〕8-21

08 宇宙で抗う、思春期のこころ

機動戦士ガンダム
傷つき
万能感
思春期
アイデンティティ

サブカルチャーの世界は果てしなく広いですが、ガンダムについて聞いたことがないという人は少ないのではないでしょうか。カウンセリングの場を訪れる若者のなかにも、「ガンダムシリーズは初代からすべて見ています」という強者がたまにいます。幅広い年齢層に人気があることから、「ガンダムはゴルフと同じくらい中高年男性との社交に役立つ」というのが私の持論です。

ガンダムシリーズは、一九七九年に放送された《機動戦士ガンダム》に始まり、現在もさまざまな設定や世界観で、シリーズ作品が製作されています。一九七九年当時は、ロボットアニメといえば「子ども向け」という印象が強かったようですが、《機動戦士ガンダム》は、主人公の少年の成長や人間関係などを丁寧に描いていて、こうしたドラマ性が、大人が見ても楽しめるアニメとして、現在まで変わらず人気を保ち続けている一因だと思われます。

◆ドラマ性

ニュータイプという夢と万能感

ガンダムの物語の多くは、地球に住む人びとと地球以外に住む人びととの戦争を描いています。

主人公の多くは十代半ばの少年で、物語の冒頭で、やむを得ず戦争に巻き込まれていきます。主人公は、戦争という状況のなかで、自分自身や友人、仲間を守るためにガンダムのパイロット●として戦うことになるのです。戦争という善悪が

●兵器であるガンダムには、操縦するパイロットが必要。

あいまいな舞台で、戦うことへの抵抗感や、自分の気持ちとは相反する命令への葛藤、敵パイロットとの交流による視野の広がり、恋愛など、自分自身のあり方、すなわちアイデンティティを模索しつつ成長していく姿が描かれています。

またガンダムには、モビルスーツや宇宙といったSF的な〝夢〟も盛り込まれています。「ニュータイプ」もそのひとつです「ニュータイプ」とは《機動戦士ガンダム》はじめ宇宙世紀を舞台とした作品に登場する概念です。明確な定義はなく、「宇宙に適応した進化した人類」とされています。具体的には、直観力や空間把握能力、洞察力に優れていると思われる描写が多く、「ニュータイプ」同士でテレパシーによってコミュニケーションするような描写も見られます。彼らは戦争という状況においては、優れたパイロットとして知られています。

自分のあり方を模索するなかで自己の限界に気づくなど、傷つきやすい思春期の人にとって、「ニュータイプ」はまさに夢のような能力と言えるでしょう。主人公がそのような人並外れた能力をもち、優秀なパイロットとして活躍すること

●自我同一性。「自分が何者であるのか」という意識。

▼**アイデンティティ** 本章11【傷と血と痛みによる美しき世界】ほか

●ガンダムシリーズに登場する、高さ20メートル前後の人型の機動兵器。

●ガンダムシリーズにおける架空の年号。宇宙世紀でないガンダムは「アナザーガンダム」。

◆思春期

で、思春期の人はそこに自分自身を重ね、万能感●を疑似体験できるのです。

とはいえ、「ニュータイプ」という特別な能力をもっていても、ガンダムに登場する主人公たちの対人関係は決して順風満帆ではありません。むしろ不器用と言っても良いくらいなのです。

●「自分なら何でもできる」という感覚。幼児期の発達過程でみられる。

理不尽に抗い、耐える思春期のこころ

ガンダムシリーズには魅力的な主人公が登場しますが、思春期のこころという視点で考えると、二〇一六年放送《機動戦士ガンダムUC》の主人公・バナージ●の姿は特に印象的です。バナージも他のガンダムの主人公たちと同じく、運命に翻弄されつつ戦争に巻き込まれていくわけですが、彼は大人から示される現実的な意見に対しても、常に自分のこころに従い、己の意志を貫き通そうとします。

そんな彼のこころのありようを象徴的に表す台詞があります。

●「ユニコーンガンダム」にパイロットとして搭乗し、戦うニュータイプの少年。

「それでも！」

バナージに対し、彼の姉のような存在のマリーダもこう告げます。『バナージ、たとえどんな現実が突きつけられようと、「それでも」と言い続けろ。自分を見失うな』。この言葉はバナージの信念、こころの核となり、ときに周囲の大人のこころをも動かします。しかし、青い信念を貫く姿勢がいつも実を結ぶわけではありません。あるときバナージは地球に降下し、あてもなく砂漠を彷徨い歩くはめになります。そのとき彼が膝をついて叫ぶ台詞がこちらです。

◆信念

「やりました…やったんですよ！　必死に！　モビルスーツに乗って、殺し合いをして、今はこうして砂漠を歩いてる！　これ以上なにをどうしろって言うんです！　何と戦えって言うんですか！　その結果がこれなんですよ！」

◆理不尽

自分の力ではどうしようもない現実や、周囲の大人からの要望に対して、こう叫びたくなる経験は、誰しもあるのではないでしょうか。ガンダムの主人公たちのこうした姿は、現実の思春期の姿とも重なります。現代社会では「正しさ」の基準も曖昧で、理不尽に感じられることは少なくありません。思春期にはそんな理不尽に対して抗い、大人や社会に反発をしたり、不満を感じたりしながらも、時にはそれらに耐え、飲み込まざるを得ないこともあります。その過程で、自分のあり方をどう定めるのか、答えはみずから導き出すしかないのです。

自己の傷つきを万能感で癒してくれる一方で、理不尽との向き合い方や他者と分かり合うことの難しさを教えてくれる、《ガンダム》シリーズに通底する思春期の細やかな心理描写こそが、若者の深い共感を呼び、世代を超えて長く愛される所以なのではないでしょうか。

09「生き直し」の終着点

タイムリープもの

喪失
実在性
一回性

もし、人生をもう一度やり直すことができたら……。

多くの人が一度は思ったことがある願いではないでしょうか。私たちは一度きりの人生を生きていて、過ぎ去った時間を取り戻すことはできません。だからこそ、人生はかけがえがなく尊いことは確かだけれども、それでも、そんな風に割り切れない出来事に、人生のなかで出会うことがあります。

過去の時点にみずからの意識を引き戻すことで、一度確定したけれど納得のいかない未来と再び向かい合う。《時をかける少女●》のように、喪失▼の恐怖や悲哀を背負う主人公が未来を変えようと何度ももがく姿を描いた「タイムリープ●もの（ループもの）」と呼ばれる作品群は、古くから多くの人びとのこころをとらえ続けています。

自分だけがループする世界

このカテゴリに属する近年の著名なサブカルチャーとしては《魔法少女まどか☆マギカ》や《Re: ゼロから始める異世界生活》などがあり、それらの多くの作品においては、主人公などの一部の者だけが「一度、確定した未来」の体験を孤独に背負っていくという特徴があります。類似する作品群に「タイムトラベルもの」がありますが、これはドラえもんのタイムマシンのように、主人公たちが何らかの技術や方法を用いてさまざまな時代を旅するもので、主人公たちの肉体と

●筒井康隆〔一九六七年〕のSF小説。時間を跳躍する不思議な能力を持つ少女が主人公。

▼**喪失**
第1章01【折れないこころ、つながる想い】〔p.026〕

●自分自身の意識だけが時空を移動し、過去や未来の自分の身体にその意識が乗り移ること。

精神の連続性は保たれている点が異なります。

タイムリープものでは、たとえ時間が巻き戻ったとしても、その時間に存在する「自分」はたった一人であり、過去の自分と出会うことは基本的にはありません。タイムリープのきっかけは意識的であったり、無意識的であったり、不可抗力であったりとさまざまですが、主人公などごく一部の者の精神のみが連続性を保っています。多くの場合、主人公は繰り返される時間のループに気づき、「繰り返されなければならない時間」の流れから抜け出し、「もう二度と繰り返されない」時間の流れへとたどり着くことが、物語のゴールとなります。

●タイムリープしている当事者以外はその事実を知らないため、周囲との認識の差が生まれる。

では、そのループから抜け出すために必要な条件とは何なのでしょうか。

タイムリープの終着点

森見登美彦氏の大ヒット小説からアニメ化もされた《四畳半神話大系》という

●森見登美彦〔二〇〇五年〕の小説。京都大学三回生の男子学生の一人称小説である。

作品では、「バラ色のキャンパスライフ」を思い描いて大学へ入学した主人公が、自身の期待に応えてくれない大学生活に不満を抱き、その結末に自問自答しながら「責任者」へ抗議するところからループが始まります。

当初、主人公にループしているという自覚はありません。困った友人たちや組織の悪意によって自身の理想の実現が妨げられていると考えた主人公は、大学生活をリセットし、サークルや団体といった所属先を切り替えていくことで問題解決を図ります。ですが、何度繰り返しても不本意な結末を迎えることに違和感を抱くようになり、結末が自身の選択の結果だと気づきます。最終的に主人公は、一度すべてを手放す「選択をしない」という選択を経て、世界の雑多さや自身の未熟さを受け入れてゆきます。いずれのループも最後に辿り着く主人公を形成するために不可欠なピースのひとつとなった上で、新たな大学生活の始まりが語られる結末となっています。

✦「選択をしない」という選択

また、二〇一一年にテレビ放映され大人気となったアニメ《魔法少女まどか☆

マギカ》では、謎めいたマスコット的キャラクター・キュゥべえと契約した少女たちが、魔法少女となって「魔女」なる存在と戦います。通常、大きな因果を背負っていることが魔法少女としての適性にかかわるのですが、主人公のまどかは何の特徴もない、ごく平凡な少女です。しかし、まどかはきわめて高い適性をもっているとして、キュゥべえから『魔法少女になってよ』と執拗な勧誘を受けることになります。

ここから先は実際の作品にぜひ触れていただきたいところですが、まどかの適性（大きな因果）の背景には、ある人物によるタイムリープの繰り返しが関係しています。その人物の孤独な戦いを知ったまどかは、タイムリープを終わらせ、その人物を救うために、魔法少女となる一歩を踏み出すのです。

さらに、二〇〇九年にゲームが発売され、二〇一一年に

●制作会社シャフトによるオリジナルアニメ。魔法少女をモチーフにしたダーク・ファンタジー。

アニメ化もされた『シュタインズ・ゲート●』では、みずからを「狂気のマッドサイエンティスト・鳳凰院凶真（ほうおういんきょうま）」と称する厨二病●の大学生・岡部倫太郎が主人公です。空気を読まず、へんてこなふるまいを続ける岡部の姿は、どこか現実逃避をしているようにも見えます。

そんな岡部は、大切な仲間が死んでしまうという残酷な未来を変えるため、タイムリープを繰り返すことになります。しかし、岡部が仲間の死を回避した世界へと辿り着いたところ、今度は別の仲間が亡くなってしまいます。誰かを救おうとすると、別の誰かが失われる。究極の葛藤状況のなか、岡部は絶望しながらも過去や未来、現実と向き合い、タイムリープを重ね、ついに「誰も死ななくていい世界」へと辿り着きます。そして、物語は岡部と仲間が雑踏の中ですれ違うシーンで幕を閉じます。いわば、物語が最初にループして戻ってくるのです。

このように見ていくと、タイムリープを終わらせるには、逆説的ですが「ルー

●5pb.制作のアドベンチャーゲーム。主人公の選択によって物語の結末が変化する。

●思春期特有の自意識過剰で痛々しい奇矯な言動を、揶揄または自虐する呼称。

プを繰り返していくこと」が不可欠なようです。主人公たちは時空の連続性から取り残された孤独を背負いながら、同じ過ちを繰り返さないために、もがき、螺旋的に変化を続けます。つまり、同じ時間を繰り返していても、主人公たちはそのなかで連続的に成長しているのです。そこには身近で大切な他者との出会いと別れがあり、その先にある真の再会が、時間の連続性を回復する条件となっていることが多いようです。

◆孤独

誰にも知られることなく、孤独にタイムリープを繰り返してきた主人公たちの多くが最後に辿り着くのは、かつてあった平凡な日常です。いわば最初と同じ世界に戻ってくるわけですが、彼らの目にはまったく違う世界として映っていることでしょう。現実を否定するためのタイムリープを繰り返すなかで、主体的な選択を積み重ねた結果として、今、目の前にある世界を積極的に受け入れ、肯定することが可能になるのです。このように〝生き直し〟の物語とは、今、目の前にある世界を受け入れ、肯定していくための物語なのではないでしょうか。

◆平凡な日常

カウンセリングの場でも、同じエピソードが繰り返し語られることがあります。ひどく傷ついたこと、哀しかったこと、悔しかったこと、恥ずかしかったこと。そうした体験はこころのなかでうまく消化されず、何度も反芻され、語り直されます。

◆語り直し

その〝語り直し〟にカウンセラーが寄り添い、慎重に耳を傾けていくなかで、語りの内容や語られ方が微妙に変化していくこともあります。たとえば、傷つきが怒りへと変化したり、怒りが哀しみへと移り変わったり、年月を経るなかで「あのときの経験があったから、今の自分があるのではないだろうか」といった新たな気づきが生じたりすることもあります。〝生き直し〟の物語と同じく、このような〝語り直し〟の積み重ねも、本人が現実を主体的に受け入れていくために必要なプロセスなのかもしれません。

10 アイドルの発達段階

ジャニーズ

発達段階
世代継承
家族システム

アイドル●はいかにしてアイドルになるのでしょうか。

もちろん、生まれたときから特別に可愛らしく愛嬌があり、人を惹きつけてやまない魅力に満ち溢れるというような、アイドルになるために生まれてきたという人もいるかもしれません。そうであったとしても、ただ容姿や魅力があればアイドルになれるわけではなく、多くの場合、アイドルとしての育成期間を経てアイドルになるのです。また、未熟さもアイドルの魅力であり、アイドルとして活

●英語のidol（偶像）。現在では「熱狂的なファンを抱える若い歌手、俳優、タレント」を指す。

動していくなかで成長していく、その過程も含めて応援してもらうことが、アイドルとしての活動であるとも言えます。

ジャニーズ事務所のアイドル育成

ジャニーズ事務所●のアイドルは何年もジャニーズJr.（ジュニア）として先輩のバックダンサーを務め、Jr.だけの小規模な舞台やコンサートなどの経験を積んでからCDデビューを果たすというのが、基本的な育成方法です。

今は亡きジャニー喜多川前社長は事務所の父親的存在であり、彼の葬儀もタレントたちによる「家族葬」でした。ジャニーズ事務所の母親的な存在としては、事務所と懇意にしていた女優の故森光子さん、現在も懇意にしている黒柳徹子さんが挙げられます。お二人は事務所内部の人間ではありませんが、母親的象徴としてときどき、メディアやジャニーズの舞台に登場してこられました。これらのことは、ジャニーズ事務所全体が「家族」であるというスタイルをとっているこ

●一九七五年設立の日本の芸能プロダクション。本書の執筆は二〇二二年に行われたため、二〇二三年に明るみになったジャニー喜多川氏の性加害を巡る問題には言及していない。本稿では執筆当時の事務所名および内容を残しているが、この問題とその経過についてはカウンセラーの視点から今後も注視していきたい。

とを示していると言えるでしょう。

ジャニーズ事務所のなかでも、関西のジャニーズ●は特に「家族的な絆」が強いようです。東京のジャニーズJr.が二百人以上と言われているのに対して、大阪を拠点として活動する関西ジャニーズJr.は、時期により増減はあるものの、ここ十年ほどは四〇～五〇人程度で推移しています。現在はCDデビューを果たし人気アイドルとなった《関ジャニ∞●》がJr.だった時代から、毎年、大阪松竹座という千席規模の劇場で定期公演を続けており、一ヵ月程度の公演を年に複数回、開催することが活動の基本となっています。

最近でこそ、大阪にも事務所ができたようですが、基本的には「大人（スタッフ）」が常時いるわけではなく、アイドル自身が新入りの後輩の面倒を見ていくというスタイルが脈々と受け継がれてきました。十歳くらいから三十歳手前まで幅広い年齢のJr.がおり、松竹座の楽屋で礼儀作法から衣装の畳み方まで一から教わります。公演の合間に学校

●基本的に関西出身で、関西ジャニーズJr.としての活動期間を経たメンバーを指す。

●メンバー全員が関西出身のアイドルグループ。∞は「エイト」と読む。

の宿題を年長者が見たり、公演後には楽屋の大きなお風呂にみんなで入ったりと、ステージ上だけでなく、生活も含めて共に過ごすことも多いようです。このように育まれる「家族的な絆」は、芸能界で生き残る強さにもなっているようです。

アイドルの発達段階

ジャニーズ事務所のアイドルは、以前は二十代のうちに、グループを解散したり事務所を退所したりすることが多かったのですが、SMAP●以降、男性アイドルとしての寿命は飛躍的に伸びました。しかし二〇一八年以降、これまで活躍してきた三十代半ばから四十歳前後のグループ脱退や事務所退所●が相次ぎました。その多くは、自分の目指す音楽の追求や俳優業への専念を理由としています。

十代前半の若い頃から厳しい芸能界に身を置き、多忙ななか、がむしゃらにアイドルとして活動してきた彼らが三十代半ばに差し掛かり、アイドルとして十分な実績を積んだ頃、みずからの来し方を振り返る。これから進むべき道を考える

●一九九一年デビューの国民的アイドルグループ。二〇一六年に解散。

●関ジャニ∞の渋谷すばるや錦戸亮、TOKIOの長瀬智也やソロの山久智久など。

少し歩みを止めてみずからに向き合い、進むべき道を模索するのは自然なことのようにも思われます。

現役時代は《タッキー&翼》というユニットで活躍した前ジャニーズ事務所副社長の滝沢秀明氏●のように、芸能活動を引退して後進の指導に専念するアイドルも現れました。みずからアイドルとしての活動をつづけながら、後輩をプロデュース●するアイドルもいます。

このようなアイドルの育ち方／育てられ方について、心理学の視点から考えてみましょう。人間の発達段階●は以下のような推移をたどり、各段階に応じた課題があって、それをクリアできなければ危機を迎えると言われています。▼

乳児前期（〇歳〜一歳）　育児を通して乳児の欲求が満たされ、安全や信頼への感覚を養う。

乳児後期（一歳〜三歳頃）　しつけが始まり、排泄や食事など、身辺自立を求められる。うまくできたときとできないときの恥の感情が錯綜する。

幼児期（三歳〜六歳頃）　周囲への関心が高まり、あれこれと探索活動●をするなかで、

●二〇二二年十一月、滝沢氏は副社長を辞任、ジャニーズ事務所を退所。

●後輩グループのライブや舞台の演出や、衣装デザインなどを手掛けること。

●人間が成長・発達するにつれ辿る身体的・心理的・社会的な段階。

▼エリクソン（一九七七年）本論末

✦恥の感情

●子どもが初めて出会うものに興味を抱き、どのようなものかを知ろうとする行動。

自分と他人の関係に葛藤を覚えるようになる。

学童期（六歳〜十二歳頃）　学校を通して教師や友人と関わる。課題に取り組んだり、友人と競争したりするなかで成長する。

青年期（十二歳〜十九歳頃）　保護者への依存を脱し、自己確立をしようとする。

成人前期（二十歳〜三十歳頃）　恋愛、結婚のほか、就職などさまざまなライフイベント●を経験する。

成人後期（三十歳〜六十五歳頃）　次の世代を育てることへの関心が高まる。

老年期▼（六十五歳以降）　人生の総決算の時期。親しい人との死別や退職など、多くの喪失を体験をし、生きがいを自分なりにもつ必要がある。

少し強引かもしれませんが、このエリクソンの発達段階を「ジャニーズ事務所のアイドルとしての発達段階」に当てはめてみると、どうなるでしょうか。ジャニーズ事務所入所がアイドルとしての「誕生」、CDデビューがアイドルとしての「成人」と考えると、おおよそ次のようになるのではないかと思います。なお、

●人生で起こりうる様々な出来事。進学、就職、結婚、出産、病気なども含む。

▼**老年期**
第3章22【好きなものの終い方】

年齢的には、事務所入所は十一、十二歳くらいが多く、CDデビューは二十代前半あたりが多いようです。

ジャニーズ事務所入所期（乳児前期：入所一年目）
歌やダンスを練習しつつステージに立つ時期（乳児後期：入所一～三年目くらい）
活動のなかでみずからのキャラクターを模索する時期（幼児期：三～五年目くらい）
Jr.内グループの仲間と切磋琢磨する時期（学童期：入所五～七年目くらい）
CDデビューを現実に捉えて励む時期（青年期：七～十年目くらい）
CDデビュー後メジャー●な活動をする時期（成人前期：十～二十五年目くらい）
後進の育成に力を入れる時期（成人後期：およそ二十五年目～）

年数はあくまでも目安です。入所する年齢にも幅がありますし（八歳～十五、六歳）、入所して一年目にCDデビューするメンバーもいれば、入所からCDデビューまで十七、八年かかっているメンバーもいます。かつては、四年に一回日本

●有名なレコード会社からCDを発売したり、テレビなどのマスメディアで活動することなど。

で開催されるバレーボールのワールドカップに合わせて年若いグループがＣＤデビューするという流れがありましたが、二〇一一年の《SexyZone》を最後にそのかたちでのデビューはなくなっており、以降、デビューにかかるまでの平均年数は約十年ほどであるようです。

エリクソンによれば、三十歳〜六十五歳頃までは成人後期として、次の世代を育てることが高まる時期とされています。これは三十代半ば以降、後進の指導に力を入れるアイドルが現れることと合致します。また、プライベートで家庭をもつことを考えるアイドルも増える時期です。今後、三十代後半からのアイドルは、育てられる側から、「みずからアイドルを育てる側」へとシフトすることが増えていくのではないかと予想されます。

●平均年齢14・4歳でＣＤデビューを果たし、「顔面偏差値東大級」と称された。

アイドルがアイドルを育てる、ということ

先輩のアイドルに育ててもらったように、自分もアイドルを育てていく。みず

からの体験を次世代につないでいくという世代継承●は、とても責任のある大切な仕事です。

一方で、自分自身のアイドルとしての活動の経験がある分、その後輩の指導には難しさもあるのでは、と想像します。後輩の気持ちがわかりすぎてしまう、あるいは、自分の果たせなかった思いをつい投影●しすぎてしまう。そのようなことが良い方向に向かうこともあれば、そうでないこともあるかもしれません。アイドルがアイドルを育てるためには、みずからの指導の状況を俯瞰的かつ客観的に見る力も必要ですし、助言者もいるとよりよいと思われます。

ファンの存在も、アイドルが育つためには欠かせないものです。育てる側のアイドルも、ファンの声を聴くことで、育てている後輩たちに求められるものが何かを知ることができます。ジャニーズ事務所のファンクラブを「ファミリークラブ」と呼ぶように、ファンもまた家族として、気持ち的には親やきょうだいのように、距離感としては親戚やご近所さんのように、アイドルの育ちを支えています。

●次世代を確立させ導くこと。中年期の心理社会的発達課題とされる。

●自分がこころに抱く要素を、自分ではなく他の人が持っていると捉えるこころの働き。

◆追体験

これらのことは、実際の子育てとも通じるものがあります。養育者は子どもを育てるなかで、みずからもまた育てられた体験を追体験します。みずからが育てられたように育てようとしたり、あるいはみずからが育てられたようにはしたくないと自分なりの子育てを模索したりします。そういうときに、状況を俯瞰的かつ客観的に見て助言をしてくれる人がいたり、子育てを見守ってくれるコミュニティがあったりするということは、こころ強いものだといえるでしょう。

ジャニーズを楽しみながら子育てについて思いを巡らす、というのもまた、味わい深いものです。

参考文献

・E・H・エリクソン／仁科弥生訳〔一九七七年〕『幼児期と社会1』みすず書房

11 傷と血と痛みによる美しき世界

ヴィジュアル系

思春期
カタルシス
アイデンティティ
傷つき

今、あなたの目の前に思春期の人がいて、その人が『自分はヴィジュアル系が好きだ』と言ったとしましょう。あなたはどんな印象をもちますか？

「あ、そういう感じね！」と、相手のことがわかって安心するかもしれないし、少々危険な香りを感じて、緊張するかもしれません。もしかすると、気づかれないようにそっと、相手の耳や手首に目をやりたくなるかもしれません。●もちろん、「ヴィジュアル系」という言葉を聞いて頭のなかが「？」で一杯になる方もおら

●過激なピアスやリストカットの跡など、自傷行為はないだろうか？という連想から。

れるでしょう。

ここからはそんなヴィジュアル系とその世界に惹かれるこころについて、その一部をご紹介したいと思います。

ヴィジュアル系って？

《ヴィジュアル系》とは日本の音楽界の一ジャンルで、国内では一九九〇年代後半にセールス面でのピークを迎え、以降は、主にインディーズシーン●を中心にさまざまなバンドが活躍しています。二〇一〇年前後からはニコニコ動画やYouTube、ここ数年はTikTokなど、《ヴィジュアル系バンド》の情報は主にインターネットで公開・拡散され、アニメやマンガとともに、日本独特のカルチャーとして海外でも注目され人気を博しています。

全体的にロックバンドが多いですが、キーボードや箏、バイオリンといったロックとは趣の異なる楽器が取り入れられていたり、楽器を弾かずに踊るメンバー

●大手ではなく、独立しているレコード会社からCDを発売するバンドや、その活動を指す。

や、エアロビクスのインストラクターなどがいたり、バンドごとに編成や形態はさまざまです。音楽性もバンドによって大きく異なり、ヘヴィロック、メタル、パンク、ポップス、歌謡曲、ジャズ、テクノポップ、演歌（！）……などなど、一言ではとても言い表せません。

《ヴィジュアル系》が世間に認知されるようになった一九九〇年代頃は、化粧をしたバンドマンや、パンクやゴシック▼などダークな雰囲気が濃厚に漂う衣装、まるで女性のように見える「女形」など、視覚的要素に注目が集まりました。最近の《ヴィジュアル系》では、以前のように濃いメイクや白塗りのバンドがいる一方で、素顔に近いような薄化粧のバンドもいます。衣装も黒服に限らず、メンバーごとに特定の色が割り当てられたカラフルな衣装や、学生服、中世貴族のような衣装に、和装、着ぐるみなど、こちらもいろいろなバリエーションがあります。近頃では、アイドルのコンサートのように、ファンがメンバーカラー▼を身に着けてライブに行くことも、よく見る風景になりました。

▼**ゴシック**
第4章27【お洋服のなかのわたし】[p.274]

▼**メンバーカラー**
第3章17【好きな色は、推しの色】

《ヴィジュアル系》の魅力は、何といっても「世界観」や「コンセプト」にあります。一九九〇年代は二十一世紀という大きな節目を目前に控え、なんとなく社会がそわそわとしており、ヴィジュアル系バンドの世界観も、終末感や非日常感に強く彩られていました。神話や聖書のモチーフが取り入れられ、時に狂気を感じさせる、ダークで神秘的な「ここではないどこか」を顕していました。

時代が進むにつれて、表現される世界は少しずつ身近になり始め、闇や病み、痛みと傷、絶望と狂気、孤独や怒りなどが、さまざまな旋律と言葉によって表現されるようになりました。さらには、ダークでネガティブな世界だけでなく、希望▼や願い、切ない恋や愛情、生きていこうというメッセージなども発せられ続けてきました。海外で慈善活動をしたり、災害で不安な思いをしている人を勇気づけようと新曲をインターネット公開したり、利益の全額をコロナ禍で深刻な経営難に陥っているライブハウスの支援に充てたり……といった社会活動をするバンドも少なくありません。

◆終末感や非日常感

▼**希望**
第1章02【言葉がもたらす希望と呪い】〔p.037〕

《ヴィジュアル系》とは決してダーク一辺倒ではない、一言では語ることのできない、多様性▼に満ちた何でもありの世界なのです。

ヴィジュアル系の嗜み方

《ヴィジュアル系》のファンには、特別な呼び方がいくつかあります。

そのひとつは「ヴィジュアル系ファン」を広く指す〈バンギャル（バンギャ）〉、男性の場合は〈バンギャル男（ギャ男）〉です。他に、バンドごとのファンの呼び方があり、これらはメンバーが自分たちのファンに呼びかけるときに使われることも多く、ファンにとっても特別な名前となっていることが多いものです。たとえば、「PIERROT（ピエロ）」というバンド名にerを付けたピエラー、「ゴールデンボンバー」というバンド名＋バンギャルで金爆ギャ●、曲名やファンクラブ、バンドコンセプトにちなんでSLAVE、虜、海月、隊員、愚民、信者など、数多くの呼び名があります。ファンがこれらの呼び名を自称するとき、「自分はこのバ

▼**多様性**
第1章05【スマホのなかの英雄たち】ほか

●ゴールデン＝金、ボンバー＝爆で「金爆」。

ンドが好きだ！」とアイデンティティ▼を宣言しているのと同義なのです。

他の音楽ジャンルと同じように、ヴィジュアル系にも「音源●」と「ライブ」という楽しみ方があります。ヴィジュアル系のライブで特徴的なのは、「振り」があることです。「振り」とは振り付けのことで、頭を激しく揺らすヘッドバンギング（ヘドバン）や拳、手扇子、咲き●など個人での身振りと、モッシュ●や横モッシュなど会場全体での動きがあります。「振り」はバンドや曲によってタイミングや所作が異なり、動画や他の人の「振り」を見て事前に予習をしてライブに臨むファンも多くいます。

観客の「振り」が会場全体で揃うと、何とも言えない一体感▼と達成感が湧いてきます。メンバーのパフォーマンスに対してファンが懸命に声援と「振り」を捧げることによって、メンバーが嬉しさ一杯の表情を浮かべ、会場の一体感や興奮度がさらに高まり、お互いの爆発的なエネルギーが発散されるのです。ライブ終了後は汗だくで、体はくたくたであちこち痛みますが、爽快感がこころに残りま

▼**アイデンティティ**
第2章08【宇宙で抗う、思春期のこころ】ほか

●CDやサブスクリプション（定額聴き放題）サービスによって配信される楽曲。

●（咲き）両手でつくる花の動き。

●（モッシュ）おしくらまんじゅうのような動き。

▼**一体感**
第4章26【画面の向こうに手を伸ばす】[p.267]

す。このような、身体全体を使ってエネルギーを発散するカタルシス▼的体験と、メンバー（バンド）という他者に対して「こころの底から精一杯の何かを捧げたくなる」気持ち、同じバンドを愛する同志たちとの協力と一体感などが鮮烈に感じられるところに、ヴィジュアル系ライブの醍醐味があると言えるかもしれません。

▼**カタルシス**
第1章05【スマホのなかの英雄たち】[p.064]

なぜ思春期にハマるのか？

《ヴィジュアル系》のファンの多くが中学生や高校生の頃にこのジャンルに出会い、魅力に引き込まれたと言います。『ヴィジュアル系と出会ったから生きてこられた』と語る人も珍しくありません。このことについて、思春期（青年期前期）がどのような特徴をもつ時期であるか、と合わせて考えてみましょう。

✦思春期

思春期とは、個人が子どもから大人へ変化していくまっただなかの時期です。子どもから大人への過渡期においては、他者視点から自分を見るということが可能になり、自分自身や自分の考え、信じてきたことなどについて、これまでとは異なる視点から問い直すこころの動きが活発になります。自分がこれまで与えられてきたものについて、「疑い」をもつようになる時期だと言えるでしょう。

また、「自分は周りからどう見えているのだろう」といった自分自身への問いが深まると同時に、友人や同級生など周囲の同年代他者の存在も強く意識されます。その過程で、周囲との感覚の共有できなさや馴染めなさを感じ、孤独感を抱くこともあるでしょう。思春期には、子ども時代に一旦築き上げた自己イメージ▼と周囲の世界のイメージを壊して再構築▼し、不安定なこころのなかで「自分は○○だ」というアイデンティティを懸命に作り上げる作業が重ねられているのです。

ヴィジュアル系の表現する世界観のなかでは、孤独や絶望、怒りや嫌悪、悲しみ、嫉妬や執着、自己嫌悪、痛み、喪失、周囲に対する疑念や不信、死んでしまいたいと思うようなつらさなど、あらゆるネガティブな考えや感情▼が、決して否定されることはありません。それらは当然のように言葉にされ、時にはもはや歌声ではなく「獣の咆哮」のような叫びによって強く謳い上げられるのです。

◆疑い

▼**自己イメージ**
第4章26【画面の向こうに手を伸ばす】〔p.262〕

▼**再構築**
本章07【仮面の下は光か影か】〔p.091〕

▼**ネガティブな考えや感情**
第1章02【言葉がもたらす希望と呪い】「負の感情」〔p.031〕

こころのなかに身近な人には打ち明けられないようないろいろなモヤモヤを抱え、「自分って一体なんだろう」「自分の居場所▼はどこにあるんだろう」と揺れ動く思春期の人にとって、このようなヴィジュアル系の世界は「自分は一人じゃない」「自分のモヤモヤってこういう感じ」「自分はここにいてもいいのかもしれない」と感じさせてくれ、そこに強烈な引力があるのではないでしょうか。

たとえば、アルルカン●というバンドの代表曲〈ダメ人間〉の冒頭では、「正しさの奴隷になんかなってたまるか！　不完全、出来損ない、大いに結構！　胸を張れ！　俺たち全員、愛すべきダメ人間だ！」とボーカルが叫びます。会場のオーディエンスは拳とヘドバンで必死に応え、曲中では何度も「胸を張れ！」と煽りが入ります。

《ヴィジュアル系》は、現実が必ずしも綺麗ではないことを隠さず、幻滅▼も隠しません。そのなかで、叫びもがいていることを正直に告白し、それでも生きていかなければいけないと、時に優しく、時に残酷に、ファンの背中を押します。

▼居場所
第1章03【眠らない夜の居場所】ほか

●日本のヴィジュアル系ロックバンド。アルルカンはフランス語で「ピエロ」を意味する。

▼幻滅
本章15【現実と空想のあいだに遊ぶ】[p.160]

きっと誰もが同じだけの苦しみ背負いながら　それでも笑顔見せている
いつか無機質な現実でたとえ動けなくても
それでも生きていかなければ

（PIERROT『HUMAN GATE』）

《ヴィジュアル系》は、「傷」と「血」と「痛み」●を否定せず、それを受け入れながら「こんな世界で一緒になんとか生きて行こう！」と呼びかける、そんな世界なのです。

●冒頭の「耳や手首への着目」も、こうした傷・血・痛みにつながる。

参考文献

・市川哲史〔二〇一六年〕『逆襲の〈ヴィジュアル系〉――ヤンキーからオタクに受け継がれたもの』垣内出版
・市川哲史・藤谷千明〔二〇一八年〕『すべての道はV系へ通ず。』シンコーミュージック・エンターテイメント社
・蟹めんま〔二〇一二年〕『バンギャルちゃんの日常』エンターブレイン社

12 「闇落ち」する子どものこころ

STAR WARS
喪失
ヤングケアラー
母性剥奪
承認欲求

《STAR WARS》は一九七七年にシリーズ第一作となる映画が公開され、二〇二三年現在もスピンオフ●ドラマなど製作され続けている人気タイトルです。シリーズは、主な三つの三部作、計九作の映画がメインのストーリーとなっています。エピソード4からエピソード6までが〈旧三部作〉と呼ばれており、ここでは主人公ルーク・スカイウォーカーが、ダース・ベイダーらシスの暗黒卿●と戦う物語が描かれています。

そして、エピソード1（一九九九年）からエピソード3（二〇〇五年）までが〈新三部作〉

●元の作品から派生した作品。

●「フォース」と呼ばれるエネルギーを私欲に用いる者たち。

と呼ばれ、ルークの父親であるアナキン・スカイウォーカーの若い頃の物語が描かれています。二〇一五年にはエピソード7が公開され、エピソード9（二〇一九年）までが〈続三部作〉と呼ばれることとなりました。〈続三部作〉では、エピソード6からおよそ三十年後を舞台とした物語が描かれています。

《STAR WARS》と聞くと、映画をよく知らない人でも「フォースの力が」「ライトセーバーが」「なんか、ダークサイド●に落ちるやつ」といった漠然としたイメージをもっていたりします。ここでは〈新三部作〉における「ダークサイドへの転落」、すなわち「闇落ち●」と現代の子どものこころ、そして周囲の大人の課題について、皆さんと考えてみたいと思います。

ヤングケアラーとしての主人公

〈新三部作〉の主人公アナキンは、商人の奴隷として母親と二人で生活をしていました。アナキンは「手先が器用だから今日まで生きられた」と語る

●一般に、社会や人生の裏面や暗黒面を指す。

●善人・味方側だった人物が何かのきっかけで悪人・敵側（ダークサイド）へ変化すること。

ように、メカニック●として働いていました。さらに彼は、幼い頃から「自分が母親を守らなければならない」と感じていたようです。こうした、年齢に不釣り合いな責任感と期待、自身の力で母親と自分の生活を守っていかなければならない状況が、彼の後々の力への執着につながっていきます。

アナキンは、ジェダイ●にスカウトされたことで、九歳で母親のもとを離れ修業を始めます。このときのアナキンは、奴隷のままの母親を置き去りにしてしまうことに罪悪感を覚え、苦しみます。これがアナキンにとって初めての「喪失▼」体験と言えます。

エピソード2で十九歳に成長したアナキンは、母親が苦しむ悪夢に悩まされます。しかし、そんなアナキンの不安を受け止めてくれる人物が、ジェダイにはいませんでした。そして不幸にもアナキンの不安は現実のものとなります。母親は拷問を受け、アナキンが駆け付けた直後に命を落としてしまうのです。激昂したアナキンは、母親を拷問した種族を皆殺しにします。「救えたはずなのに」と無力

●整備士、技術担当者。

●フォースを平和のために用いる組織のこと。

▼**喪失**
第1章01【折れないこころ、つながる想い】(p.026)ほか

✦不安

「人を死から救う術も学ぶ」と言って、力への執着と喪失への恐れを強めていきます。

近年、学校現場でも課題となっているヤングケアラーの子どもたちも、「自分が家族を支えなければ」と感じていることが多く、大人と同等かそれ以上の責任感と期待を背負っています。彼らは学校場面でも、対人関係や学習面などに不安を抱えており、他者の期待に応え続けることが、自分を守る術だと感じているようにも見えます。

また、両親の離婚といったどうしようもない喪失に際して子どもが「自分がもっといい子だったら両親は別れなかったかもしれない」と自分を責めてしまうことも珍しくありません。幼い頃から続けてきた期待に応える努力、その努力が報われないという喪失体験は、「もっと他者に認められなければ、また失うかもしれない」という恐怖につながり、「承認」への欲求と「喪失」の不安を強めていくことになります。

▼**無力感**
第1章01【折れないこころ、つながる想い】
[p.028]

●大人が担うようなケア責任を引き受け、家族の世話などを行っている、十八歳未満の子ども。

●「他者から認められたい」「自分を価値ある存在として認めたい」という願望。

▼**承認欲求**
第4章26【画面の向こうに手を伸ばす】
[p.262]ほか

喪失への不安、からの「闇落ち」

母の死に次いで、エピソード3でアナキンは、妻のパドメが死ぬ悪夢を見ます。予知夢であると確信したアナキンは、パドメを助ける術を模索します。

師であるオビワンやヨーダには、「我慢を覚えろ」「こころを鍛えるのだ」と言われますが、アナキンはその術をもっていません。アナキンには、対等に胸の内を共有し、共感しあえる友人がいないのです。そんなときに、以前からアナキンの力を認めてくれていた人物から、暗黒面ならば「愛する者を死から救う力」を学ぶことができると、ダークサイドへの誘惑を受けることになります。

現実においても、不適応行動●を示す子どもたちに対して「我慢」を求めることはしばしばあります。しかしそこでも同じように、我慢する方法●について十分に話し合われることは多くありません。子どもたちに対して一方的に我慢を求め、「指示や規則に従う」よう指導することが多いのが現状です。

●無気力や不登校、学業面での問題、感情が制御しきれず生じる人間関係のトラブルなど。

◆我慢

●大人であっても「負の感情の制御（アンガーマネジメントなど）は容易ではない。

また、子どもに対する悪意をもった誘惑も多くあります。アナキンの陥った状況は、認められる機会の少ない子どもが、非行グループへ傾倒したり、SNSで知り合った人物に心酔したりする様子と、非常によく似ています。

アナキンの「闇落ち」の背景を振り返ると、幼い頃から続く過剰な責任感や、喪失の恐怖が見てとれます。不適応行動を示す子どもたちのこころを理解しようとするとき、こうした視点をもつことは重要なのではないでしょうか。

また、アナキンへの関わり方に失敗したジェダイたちの姿は、私たち大人が子どもと対等な目線に立ち、傷つき、喪失に怯える彼らの不安や恐怖をしっかりと受け止め、共有することの重要性を、改めて示唆してくれているようにも思えるのです。

13 私も隊士になれますか？

新選組もの

思春期
仲間集団
アイデンティティ
居場所
関係性

皆さんは歴史、お好きですか？

世界史や日本史、中国の歴史●などもそうですし、日本史のなかだと戦国時代や幕末、源平の時代、近代史、もっと狭めると「あの武将が好き」「あの城が」「あの刀が」……。「歴女●」なんて言葉が流行った時期もありましたが、男女や年齢に限らず一定数、歴史が好きな人は存在するかと思います。

かくいう私も中学生のときに偶然書店で手に取ったマンガから、新選組を好き

●三国志は特に、日本のサブカルチャーで大人気である。
●「歴史に関する事柄が好きな女性」を指す言葉。

になりました。そしてそこから史実としての新選組を調べるようになり、本を読み漁ったり史跡を訪ねたりと、どっぷりハマっていったのです。

幕末を駆け抜けた新選組

新選組とは、一八六〇年代の十年足らずの内に誕生し消滅した集団です。幕末の動乱期には、徳川派や尊王攘夷派●、勤皇の志士●などいろいろな人間が活躍していたのですが、そのなかでも新選組の立ち位置をおおざっぱに説明してみたいと思います。

新選組の有名な面々はもともと、局長の近藤勇が道場主を務める多摩近辺の道場に集っていた人びとでした。彼らは幕府のために働ける人材を募集していた話に乗り、京都まで赴くのですが、実際、募集主には別の思惑がありました。彼らはその思惑に反発し、京都に居残り、幕府の下っ端として雇ってもらうことになります。

●徳川幕府を護る立場と、天皇を尊び外国勢力を排斥する立場。

●天皇を護る志をもった者たち。木戸孝允が有名。

志のあるものは身分を問わず誰でも入隊を許したため、初期のメンバーは近藤勇を中心として、隊をまとめ上げる必要がありました。そのため新選組内では厳しい隊規を定め、組み割りをし、組織としての整備や内部粛清も断行しつつ、当時は幕府を揺るがす存在であった尊王攘夷派の人間を取りしまる働きをしていました。

黒船来航以降、諸外国との関係や幕府、天皇と諸藩の力関係を始め、情勢は刻々と変化していました。その激動のさなか、移り変わりの波に上手く乗っていったのが、坂本龍馬や薩長土肥など、近代の政治にもつながってゆく立場の人びとです。一方の新選組は、当初自分たちが決めた「幕府を守る」という目的を、犠牲を払ってでもそのまま貫き通そうとしました。

結果として、ある者は江戸で、ある者は函館で、隊員の多くが亡くなっていきました。明治中頃まで生き延びた記録が残っている者は数名のみ、記録に残る最後の隊士は昭和初期に亡くなりました。明治期に入ってしばらくは、新選組は政

●薩摩藩、長州藩、土佐藩、肥前藩の総称。

●新選組副長・土方歳三、最期の地として有名。

府に楯突いた逆賊であるとの認識が強く、語ることをよしとされない雰囲気があったようです。新選組に関連する資料もこの時期に多くが失われています。

よみがえる新選組

それが、六〇年ほど経った一九二〇年代後半から一九三〇年代、新聞記者でもあった子母澤寛●の手により、当時のことを知る者からの聞き書きという、やや創作も交えたであろうかたちで、《新選組始末記》《新選組遺聞》《新選組物語》の「新選組三部作」が発表されました。これに続くかたちで、一九六〇年代には司馬遼太郎により、《新選組血風録》《燃えよ剣》など、主に新選組副長である土方歳三を魅力的に描いた作品が創作されます。司馬遼太郎の作品が発表された前後は、ちょうど明治維新から一〇〇年ほど経った時期であり、新選組をテーマにした文学作品や映画作品などが数多く制作されました。

この後も、黒鉄ヒロシや池波正太郎、浅田次郎などが、新選組を題材に小説や

●日本の小説家（一八九二～一九六八年）。

マンガをいくつも発表していますし、二〇〇四年には大河ドラマで三谷幸喜脚本の《新選組！》がジャニーズ▼タレント●を主役に据えて放送され、大河ドラマでは滅多にないスピンオフドラマの作成もされました。

上記の流れにおいてほとんどの作品は、他の歴史上の人物と同様、歴史ロマンやかっこよさ、時代の流れを追体験させるような、史実の流れにある程度沿った作品が多いように思います。その一方で、一九八〇年代の《幕末純情伝●》などに見られるように、徐々に「もし、新選組隊士のなかに女性が居たら？」というIF展開●▼の物語も見られるようになりだしました。その後も、実在の新選組隊士を中心に据えた描き方だけではなく、架空の人物を新選組隊士として設定し、その人物の目線から新選組を追う描き方、新選組隊士との恋愛をモチーフにした描き方など、徐々に描かれ方が多様になってきたのです。

描かれる分野も、映画や小説作品にとどまりません。例えば演劇界においては劇団キャラメルボックスや宝塚歌劇団などが幾度か新選組をモチーフに公演しています。漫画でも、少年向け・少女向けを問わず《風光る》《PEACE MAKER

▼第2章10【アイドルの発達段階】〔p.110〕

●元SMAP、現在は「新しい地図」の香取慎吾。

●つかこうへいによる小説・戯曲。沖田総司が女性という設定。

●「もしも〇〇のキャラクターが現代にいたら」などの〝もしも／IF〟の事柄・展開。

▼**IF展開**
第4章24【女性が紡ぐ、もしもの世界】〔p.242〕

～新選組異聞》《ちるらん》など書ききれないほどたくさんの人気タイトルが発表されています。なかでも、ヒロインが新選組と出会い、隊士と切ない恋愛を繰り広げるゲーム《薄桜鬼●》シリーズは、二〇〇八年の発売以来売り上げを伸ばし、現在も人気を博しています。

●女性向け恋愛シミュレーションゲームのミリオンセラー作品。

このように新選組は、国家の転換期にあたる幕末に活躍した組織として歴史的な視点から楽しまれてきたところから、「もし、そのなかにこういう者がいたら？」「もし、こういう設定だったら？」というういろいろな「ＩＦ」を可能にする、ある種の舞台装置としても扱われるようになりました。そうした創作物の影響もあり、最近では「新選組はみんなが知っているもの」、モチーフとしても認識されるようになってきています。

新選組の楽しみ方いろいろ

このように長年愛されてきた新選組ですが、彼らは歴史上の他の人物たちと比べても少しだけ、特殊な立ち位置にあるのではないかと思うのです。

それは「思春期女子にもファンが多い」ということです。データを取って調べたわけではありませんが、カウンセリングの場でも『新選組が好きです』という話を女子中高生から聞くことがあります。私が壬生寺を初めて訪れたときも、訪問者ノートにはたくさんの女性の置き書きがありました。これはいったい、なぜなのでしょうか。そこにはいくつかの要因が重なっているのだと考えられます。

一つ目の要因は「歴史ロマンとしての楽しみ」。これは言わずもがな、時代の仇花として散っていった新選組、今はもう亡き新選組が、当時何を考え、何を感じ、あの混乱の時代を生き抜き、そして散っていったのかという視点からの楽しみ方です。たくさんの作品とともに、史跡も関西、関東、北海道を中心に残っていますので「聖地巡礼」も楽しめます。

二つ目の要因は「男子高校生のようなわちゃわちゃ感がある」こと。これは史

◆思春期女子

●京都市中京区に位置する寺院。幕末には隊士が出入りしたという、新選組ゆかりの地。

●宗教用語が転じて、漫画・アニメなどの舞台とゆかりのある場所を「聖地」として巡ること。

●もとは関西の方言。現在では仲の良い数人でやかましくしゃべる・騒ぐ様子を指す。

実というよりも創作として描かれているものから伝わる魅力であり、司馬遼太郎の《燃えよ剣》をはじめとして、創作の世界で新選組の面々が生き生きと描かれたことが大きく影響していきます。

新選組の初期メンバーは、ほとんどが試衛館という道場に集った人びとですが、歳の近い近藤勇と土方歳三を中心に、やや年下で流派や性格も違う多くの者が集っています。京都に来てからの新選組は、内部粛清や浪人を討伐したりなど血なまぐさい話も多いのですが、人物が生き生きと描き出されたことにより、日常生活の様子やメンバー同士の関係性などをありありと想像することが可能になりました。屯所●の近所の子どもたちと遊ぶメンバーがいたり、遊びに行って羽目を外すメンバーがいたりなど、男性同士の仲間関係で描かれるような「わちゃわちゃ感」「自分もそのメンバーだったら楽しいだろうな」という雰囲気が感じ取れるのだと思います。

「自分もそのメンバーだったら……」という楽しみ方にも、女性ならではの感覚があるように思います。女性向けの作品で特にみられるのが、主人公である女

●隊士が詰めていたところ、宿所として用いていた場所。

性が新選組に入ったらどうなるか、というパターンです。先にあげたゲーム《薄桜鬼》もそうですが、「わちゃわちゃした」集団のなかにヒロインが一人という構造は、数多く発売されている乙女ゲーム●そのものであり、そのように描かれた新選組作品が思春期を中心とした女性たちに受けるのは、自然なことでしょう。

三つ目の要因は「いろいろなキャラがいる」ことです。司馬遼太郎作品以降、新選組の隊士にはキャラクターの「型」のようなものが出ているように感じます。近藤勇はちょっとおじさん感があるが頼り甲斐のあるリーダー。土方歳三はきりっとしたイケメン。沖田総司は剣を握らせれば天才であるものの、どこか幼さを残す美少年。山南敬助は知的で物静か、眼鏡キャラとして描かれることもしばしばです。斎藤一は無口で一匹オオカミ風、といった感じでしょうか。作品によっては幅がありますが、おおよそのキャラクター系統が一致していることによって、新選組が好きな者同士のなかでも「あの隊士が好き」「この隊士が好き」「その隊士のどこが好き？」などという会話が生まれやすくなります。

●プレイヤーが女性主人公を操作し、男性キャラクターとの恋愛を楽しむゲームの総称。

このように新選組は、単一の楽しみ方だけではなく、さまざまな視点から切り取り、自由に想像を膨らませることのできる構造と、ほどよい余白をもっています。それゆえ、そこに〝私の居場所▼〟を見出すこともできるのです。新選組に夢中になること、そしてそれを語り合い、誰が好きなのか、なぜ好きなのかを言葉にすることはすなわち、自分の居場所を見つけ、自分はどういった人に惹かれるのか、どのような立場に感情移入するのかということを明確にする作業でもあります。思春期に新選組の世界にのめり込むことは、〝自分らしさ〟、アイデンティティ▼をかたちづくる手助けにもなるのではないでしょうか。

▼**居場所**
第1章03【眠らない夜の居場所】

▼**アイデンティティ**
本章08【宇宙で抗う、思春期のこころ】[p.097]

参考文献

・枝井栄利子・守屋英子〔二〇一四年〕「思春期における自立の支えとなるもの――マンガ・アニメ・ゲーム等にハマるという観点から」 茨城大学教育実践研究 33, 185-199

14 怖い話はお好きですか？

ホラー映画

非日常性
恐怖
不安
外在化

「怖い話は平気ですか？」

私は自分が見聞き読みした怖い話を誰かにしようと思ったとき、必ずそう聞いてから話すようにしています。好き嫌いの前に、平気か苦手かを聞く。ホラーとはそんなジャンルです。しかし同時に、人口の増減はありつつも、「怖い話」はいつの時代にも根差しているように思えます。古くは怪談から、近年の一部の都市伝説まで、媒体や形を変えつつ、「怖い話」は私たちの傍らで確かな存在感を放っているのです。

●子どもの頃に「学校の七不思議」や「口裂け女」といった話にふれた人も多いだろう。

特に最近は、一度は下火となっていた「心霊番組」が再びテレビで放送されていますし、動画サイトでも、怖い話や心霊現象などを扱った配信が数多くアップされています。以前、オカルト研究家の方が「世間に明るい話題が少ないときには、こういったものが流行する」と話していました。コロナ禍▼の現在はまさに、その時期なのではないかと思います。

ホラー映画の流れ

近年、動画のサブスクリプションサービス●▼が普及するとともに、ホラー映画は他の映画と同様に、気軽に人びとの目に触れやすくなりました。最初のホラー映画とされる一八九五年の《メアリーの処刑》から現在まで、世界中で多くのホラー映画が制作されています。

日本におけるホラー映画は、戦前の怪談物語を皮切りに、エログロナンセンス●路線などから多様化していき、一九七三年の《日本沈没》に端を発する特撮パニ

▼第1章01【折れないこころ、つながる想い】ほか

●定額で対象となる作品を好きなだけ視聴できるシステム。Amazon Prime Videoなど。

▼**サブスクリプションサービス**
第4章26【画面の向こうに手を伸ばす】[p.260]

●煽情的で猟奇的、ばかばかしく無意味なこと。大正末期・昭和初期の低俗な風潮を指す。

ック映画の台頭により、一時、低迷を迎えます。

その後、一九八〇年代に和製スプラッタ●が誕生し、一九九〇年代には《リング》という「見たら死んでしまう呪いのビデオ」をめぐる映画が大ヒットし、世界にも受け入れられます。以降、グロテスクな描写はほぼないにも関わらず、「目に見えない呪いや恨み」に戦慄する、いわゆるジャパニーズホラーが流行します。

ホラー映画にまったく怖さを感じず、楽しんで観る人も一定数います。しかし、怖いもの見たさで恐る恐る鑑賞している人も多いようです。怖いのに、なぜ人はホラー映画を観たいと思うのでしょうか。

ホラー映画は「一般に怖いと思われているものが登場する映画」と定義されてもいますが▼、ここでは、そのなかでも、幽霊や悪魔など「人ならざるものが登場する映画」に限定し、その理由について考えていきたいと思います。

●血しぶきや液体がびちゃびちゃと飛び散るような残虐なシーンのこと。

▼小中〔二〇一四年〕本論末

安全なお化け屋敷

「お化け屋敷」や「肝試し」は、主体的に怖いものや雰囲気に触れる体験型のエンターテインメントです。これらは「非日常」を味わうにはうってつけですが、みずから直接体験することになるので、人によってはハードルも高いのではないかと思います。

一方、ホラー映画は、画面を挟んだ向こう側で、かつ自分ではない誰か（登場人物）が、怖いものに触れる構造になっています。視聴者は、安全な環境で間接的に、怖いものに触れる体験をするのです。ホラー映画は、「実際に体験するのは嫌だけれども、非日常は味わいたい」というニーズにマッチしたメディアなのです。

「非日常」を味わいたいだけなら、別にホラー映画でなくても良いはずです。しかし、あえてホラー映画を選択する人がいます。以前ある知人が、ホラー映画が得意ではないのに、誰かを巻き込んででも鑑賞したくなるときがあると話して

▼**非日常**
第3章16【今週も現場です！】ほか

いました。一人で観られる、振り切った娯楽映画の方がいいのではと提案してみたのですが、それだと自分の現実から遠すぎて、刺激を味わえないと言うのです。知人はこの衝動について、「ストレスが溜まったときに辛い物を食べたくなる人がいるのと同じだ」と語っていました。このように「ストレス発散」の方法として、ぎりぎり耐えられる範囲の刺激を求めるというのも、ホラー映画を選択する理由の一つなのではないかと思います。

一九九九年のアメリカ映画《ブレア・ウィッチ・プロジェクト》●の興業収入的成功から現在まで、徐々に増えてきた印象があるのが、「モキュメンタリー」方式で撮られたホラー映画です。それは、虚構の物語をドキュメンタリーのように撮影し、あたかも現実で起きた出来事のように感じさせる表現方法で、アメリカの《パラノーマル・アクティビティ》シリーズや、日本の《カルト》、台湾の《呪詛》などがこの手法で制作されています。これらは、シームレスな作りにより、間接的でありながら、画面の向こうと視聴者の境界が限りなく薄く感じられることが特徴です。現実により近しいところに「非日常」が存在するかのように感じるこ

✦ストレス発散

●映画学科の学生が「魔女」を題材としたドキュメンタリー映画を撮影する、というストーリー。

ます。

とになるので、従来のホラー映画よりも、体感する怖さは大きくなると考えられ

ところで、この「非日常」性への欲求は、確実に現実に戻ってくるということが前提となっています。観終った後に、自分が怖いものとは縁遠い世界に生きていることに安堵するところまでが、セットになっているのです。《樹海村》で脚本をつとめた保坂▼は「ホラー映画はある意味、生の喜びを感じるメディア」であると語っています。現実に戻ってこられると確証があるからこそ、人びとはホラー映画を安心して楽しめるのです。

こうした体験を繰り返しているうちに、より派手でショッキングな要素を求めるようになったり、定期的に刺激を摂取したくなったり、といったことも生じます。恐いのに観ずにはいられない、その吸引力こそがホラー映画の魅力のひとつではありますが、同時に、あえてホラー映画を選ぶことには、「得体の知れないものを見る」という要素が関係しているのではないでしょうか。

▼保坂〔二〇二一年〕本論末――大津〔二〇二一年〕内

得体のしれないもの

人は得体の知れないものを本能的に恐れるものです。しかし一方で、起こっている事柄を、得体の知れないもののせいにしてしまいたい、という気持ちもあるように思えます。自分が不安に思っていることを、得体の知れないものに投げ込み、自分から切り離すのです。「何かのせいにする」、すなわち外在化●することで私たちのこころが守られることがありますが、実在する何かのせいにすると、トラブルを招きかねません。その点、「得体のしれないもの」のせいにすると、実体がないので、おおむね角は立ちません。また、不安に一時的にでも名前をつけることができ、なんとなく安心感を得ることもあるのではないかと思います。

ここで思い出されるのが、二〇一三年頃からの《妖怪ウォッチ》のブームです。原作ゲームが流行し、テレビアニメも放映されましたが、そのエンディングテーマ〈ようかい体操第一〉には次のような歌詞がありました。

●自分のこころの内で起こっていることを「外の世界で起こっている」ように感じたり考えること。

どうして朝は眠いんだ!?〔略〕
ようかいのせいなのね、そうなのね

同時期、「子どもたちが何でもかんでも妖怪のせいにして困ると保護者が嘆いている」という報道を見ました。もちろん、便利な言い訳として使っていた子どももいたとは思います。ですがなかには、自分ではどうにもできないものや不安に思っていることを「妖怪のせい」とまとめることで、一時的にでも安心できる子どももいたのではないでしょうか。「自分の力ではどうにもならないことがある」と思えることは時に安心感をもたらします。

自分たちの不安や無力感▼を一時的に預かってくれる。怖い話にハマる子どもたちのこころには、こんな背景もあるのかもしれません。

▼**無力感**
第1章01【折れないこころ、つながる想い】
〔p.028〕

恐い・ビックリ要素を引くと

ホラー映画が苦手な人に理由を聞くと、「幽霊などがそもそも苦手」という答えの次に多いのが、「びっくりするから」という答えです。ホラー映画は、恐がらせて楽しませるという意図で制作されているため、急に何かが出てきたり、突然大きな音が鳴ったりするシーンは、おおむねどの映画でも登場しますし、どうしても避けられません。

しかし、〝恐い・ビックリ〟要素をあえてその映画から差し引いたとき、そこには、人のネガティブな感情▼や関係性▼などについての物語が姿を現すのです。

コメディタッチの作品を除き、たいていのホラー映画にはネガティブな感情が多く描かれています。例えば《リング》や《仄暗い水の底から》といった日本のホラー映画には、家族、とりわけ親子関係の難しさといった、私たちにとっても身近なテーマが描かれています。また、国ごとの宗教や文化にまつわる家族観などが垣間見えることも、ままあるのです。

▼**ネガティブな感情**
第1章02【言葉がもたらす希望と呪い】「負の感情」[p.031]

▼**関係性**
第1章05【スマホのなかの英雄たち】ほか

あるいは、ポジティブなテーマが付与されていることもあります。《It／イット「それ」が見えたら、終わり。》《ブラック・フォン》などでは、怖い目に遭いつつも、何とかそれに打ち勝とうと奮闘する子どもたちが描かれています。そうした姿を見ることにより、勇気をもらえるということもあるかもしれません。

ホラーが苦手でも何となく観てしまうとき、その背景にある物語に知らずに引きつけられているときもあるのではないかと思います。目に見えないもの、得体の知れないものを怖く感じることは自然なことです。しかし、少しでも興味があるのなら、いつもの現実から少し離れて非日常性を味わったり、怖さの奥にある物語に身を浸したりする時間があっても良いかもしれません。

みなさんはどうでしょう、怖い話はお好きですか？

参考文献

- 小中千昭〔二〇一四年〕『恐怖の作法――ホラー映画の技術』河出書房新社
- なかざわひでゆき〔二〇〇八年〕「日本のホラー」『ホラー映画クロニクル』産経新聞社
- 大津美波子〔二〇二一年〕『樹海村』〔パンフレット〕東映株式会社事業推進部

15 現実と空想のあいだに遊ぶ

二・五次元舞台

中間領域
遊び
想像力
創造性
エンパワメント

〈二・五次元舞台〉――演劇やミュージカルに関心がない方には耳慣れない言葉かもしれません。一方で、最近テレビの音楽番組やバラエティ番組、紅白歌合戦でもその言葉を聞いたような……という方もおられるのではないでしょうか。

〈二・五次元舞台〉とは、「日本の二次元の漫画・アニメ・ゲームを原作とする三次元の舞台コンテンツの総称」▼と定義されます。その歴史は意外に長く、古くは一九七四年の宝塚歌劇団▼による《ベルサイユのばら》まで遡ることができます。

▼日本二・五次元ミュージカル協会〔二〇二〇年〕本論末

▼**宝塚歌劇団**
第3章22【好きなものの終い方】

一九九〇年代においても《聖闘士星矢》や《美少女戦士セーラームーン》など人気の漫画・アニメをミュージカルや舞台にするという試みは、継続的になされてきました。

そして二〇〇三年、少年ジャンプで連載されていた人気スポーツ少年漫画《テニスの王子様》をミュージカル化した《ミュージカル　テニスの王子様》、通称「テニミュ」の上演が始まりました。テニミュは若い女性を中心に人気と支持を獲得し、キャスト（俳優）の代替わりを繰り返しながら、現在に至るまで上演され続けています。そもそも「二・五次元」という言葉も、テニミュのファンのあいだで自然発生的に使われるようになったのが起源とされています。

テニミュは二〇二三年現在、上演回数二〇〇〇回以上、累計動員数三〇〇万人超え、さらには海外進出も果たし、「若手舞台俳優の登竜門」と見なされています。二十年近くにわたり上演され、これからも続くことが見込まれているとすれば、今後テニミュは宝塚のように、日本の伝統芸能の一種に進化する可能性すら

●許斐剛原作。中学の男子テニス部を描いた作品で、一九九九年より連載開始。

●テニミュ出身の有名俳優として、城田優や斎藤工、志尊淳や古川雄大、本郷奏多らが挙げられる。

秘めているのではないでしょうか。

キャラクターが「いる！」

〈二・五次元舞台〉の数は、二〇一一年以降、右肩上がりで増加●しています。このように若い人びと、特に女性たちを惹きつける二・五次元舞台の魅力とはいったいどこにあるのでしょうか。

私自身、〈二・五次元舞台〉のことをよく知らなかった頃は、「コスプレをしたイケメンがなんかキャーキャー言われている舞台」というひどい偏見をもっていました。しかし、初めて二・五次元舞台を鑑賞した日、帰りの電車で私は同行していた友人に譫言のようにこう繰り返していました――「(キャラクター)本人が、本人が現実に、おった……！」。

●コロナ禍により多くの舞台が中止を余儀なくされたものの、その勢いは衰えていない。

漫画やアニメ、ゲームといった二次元の世界には、ピンク色の髪に緑色の瞳、紫色の超ロングヘアに白衣など、現実ではなかなかお目にかかれない奇抜な恰好をしたキャラクターが数多く存在します。そんな二次元の世界から抜け出してきたような、ちょっと（かなり）非現実的なファッションとヘアメイクに身を包んだ若手俳優たち。彼らが二次元のキャラクターがもつイメージに忠実に振る舞うことによって、漫画やアニメ、ゲームの世界が立体的に立ち現れます。さらには観客の想像力がその世界を補完し、強化します。このような演者と観客の共同作業により、現実と空想のあいだの絶妙な空間、〈二・五次元舞台〉が成立するのです。

「中間」で出会える喜び

子どもがこころの世界と客観的に知覚できる現実世界とのあいだにもっている領域のことを「中間領域●」と呼んだ人がいます。▼そこから、自分の遊ぶことと他

●現実世界と内的世界（こころの世界）のあいだに存在する領域のこと。

▼ウィニコット（一九七八年）本論末

者の遊ぶこととが重なりあう領域にこそ、人生を豊かにするものがある、とも考えられています。

〈二・五次元舞台〉はまさに、空想の世界と現実世界とのあわいに存在する「中間領域」であり、観客は演者とともにその世界で〝遊ぶ〟ことで、現実では得られないような深い満足や、力強い活力が得られるのではないでしょうか。

もちろん〈二・五次元舞台〉以外の舞台作品でも、こうした体験は可能でしょう。しかしながら二・五次元舞台では、「大好きだけど絶対に現実には出会うことがない」はずの二次元のキャラクターが、生身の人間として目の前に現れるところが強烈なのです。キャラクターと自分が同じ空間に生きている、空想が現実になるわけですから、それはもう多くの人びとが夢中にならざるを得ないでしょう。

同時に、生身の人間が演じる〈二・五次元舞台〉には、独自のリスクも存在します。たとえば、人気キャラクターを演じる二・五次元俳優が現実でスキャンダルを起こしてしまうと、何も悪いことをしていない二次元のキャラクターのイメージま

▼遊ぶ
第1章02【眠らない夜の居場所】ほか

で損なわれかねないため、その俳優はファンから強く非難されます。演者と観客、お互いの共同作業のもとに成り立つ〝遊び〟だからこそ、そうしたルール違反は容易に「幻滅」へとつながってしまうのです。そうした意味で二・五次元舞台が壊れやすく、儚い世界であることもまた事実なのです。

私たちは大人になるにつれ、現実という重荷に圧倒され、遊ぶことを忘れ、夢見る力を弱らせてしまいがちです。〈二・五次元舞台〉は現代の大人が〝遊ぶ〟ために必要な場所であるとともに、想像力や創造性を膨らませ人生を豊かにしてくれる、大切な空間なのです。

●人はときに他者を完璧な人物として理想化するが、欠点など現実が見え始めると幻滅する。

参考文献

- 一般社団法人 日本二・五次元ミュージカル協会〔二〇二〇年〕パンフレット――https://www.j25musical.jp/user/img/download/J2.5D_pamphlet.pdf〔最終閲覧日：二〇二二年十二月十日〕
- D・W・ウィニコット／橋本雅雄訳〔一九七八年〕『遊ぶことと現実』岩崎学術出版社

第3章 憧れるのは、応援するのは、なぜ？

昨今、「推し活」といった言葉を耳にする機会が増えています。

〝推し〟という言葉は、二〇二一年に新語・流行語大賞にノミネートされました。NHK総合の朝の情報番組《あさイチ》では、定期的に〈#教えて推しライフ〉という企画が組まれ、「推し活」をしている視聴者へのアンケートや取材の様子を放送をしています。第一六四回・芥川賞受賞作のタイトルは『推し、燃ゆ』ですし、最近のニュースでも、〝推し〟のいる小中学生は九四%、という衝撃的な数字が出ています。

推しって何？　今さら聞けない……

そういう方もいらっしゃると思います。〝推し〟とは、「他の人にすすめること。また俗に、人にすすめたいほど気に入っている人や物」と定義されています（『デジタル大辞泉』二〇二〇年）。諸説あるものの、もともと八〇年代頃から「アイドルオタク」界隈で発祥した俗語であり、インターネット上の匿名掲示板・2ちゃんねる上で《モーニング娘。》のオタクを中心に使われていた言葉だそうです〔廣瀬、二〇二〇年〕。その後、より多人数のアイドル《AKB48》が登場し、握手会などアイドルとファンが直接交流をする機会が増え、メンバーも「推す」という言葉を認識していたことから、「推すという言葉が、アイドルとオタクの関係性を表すものとして広く定着していった」とのことです〔同〕。

要するに〝推し〟とは「応援している対象」のことであり、〝推し活〟は何らかのかたちで「誰かを応援する活動」を指します。とはいえ、以前からジャニーズファンが自称する「担当」や、宝塚歌劇のファンが用いる「贔屓」など、誰かを特別に好きになったり応援することを表す言葉は存在していました。それにも関わらず、なぜ〝推し〟という言葉、そして〝推し活〟という表現が、かつてなく広く、急速に、普及しているのでしょうか。

ひとつには、〝推し〟という言葉のもつ汎用性の高さ、すなわち使いやすさがあげられます。さきほど「応援している対象」だと説明しましたが、実は人によって〝推し〟の定義は多少、異なります。漫画やアニメのキャラクターを好きになっただけで『このキャラが、わたしの推し！』と宣言する人もいれば、ゲームに多額の課金をしたり、コンサートや舞台に通いまくるなど、『大金を使ってこそ、推し』という主張をする強者もいます。実際には、その中間くらいがいちばんの多数派かもしれません。

このように程度の差はありますが、極論、お金をかけなくても「推し活」は可能です。好きなものを身近な誰かに勧めたり、ＳＮＳで『〇〇って、ほんと最高！』と賞賛の投稿をするだけでも「推している」ことになります。〝推し〟という言葉の、このカジュアルさが、自由にお金を使えない若い世代や、イベントに参加するのが難しい地方の人びとにも支持され、用語の裾野が広がっているのではないでしょうか。

また、「推す」という行為は、単に「好き」という状態だけでなく、「応援する」という主体的な営みが核となっています。誰かを「推す」という行為は、まさに人の背中を押すような、支えるような体験であり、「自分でも誰かに良い影響を与えることができるのかもしれない」という自身の価値の再発見にもつながるように思われます。

さらに〝推し〟がこちらの応援に応え、素晴らしいパフォーマンスを見せてくれたなら、まるで自分と〝推し〟とのあいだに精神的な絆が生まれるように感じられるでしょう。こうした充足感の得やすさも、昨今の〝推し〟文化の繁栄と関係しているのかもしれません。

さて、文字どおり「推し語り」に終始してしまいましたが、この章では、誰かに憧れる、誰かを応援するといった視点から、さまざまなサブカルチャーがもたらすこころの動きを考察しています。

そこには、ここで述べたような幸福感だけでなく、より複雑でネガティブな感情に関する内容も含まれています。それでもなぜ人は誰かに憧れ、応援せずにはいられないのか、その理由の一端をご紹介したいと思います。

参考文献

・廣瀬涼〔二〇二〇年〕「若者に関するエトセトラ（2）若者言葉について考える②——推ししか勝たん」ニッセイ基礎研究レポート、2020-7-10

16 今週末も現場です！

アイドル

癒し
非日常性
カタルシス
エンパワメント
共有

『週末の予定？　今週と来週は現場！　○△のライブに行くよ！』

こう応えると、だいたい次のように返されます。

『え？　同じの、二回も観るの？』『曲とか、同じなんだよね？』

そうです、同じです。でも、MCの内容が違ったりするし、日替わりの曲があったりもするし、〝推し▼〟のヘアセットが違ったりするし、その日の調子やノリも違うし、座席によって見え方や角度も違うし、同じものではあるけど、同じものではないんだ。それに、同じセットリストでも、何度聞いたっていいものはい

▼推し〔p.163〕

い。あと……二回じゃなくて、昼夜両方入る日も含めて「五回」です……。

近年〝推し〟文化が浸透したこともあり、例えばいい大人がジャニーズ▼のファンだと名乗ったり現場へ行ったりすることも、社会的に許容されるようになってきていると感じます。それでも、いわゆる「追っかけ」や「ミーハー」といったネガティブなニュアンスを含む見方をされることも少なくないのが実情です。

現場とは何か

ライブ会場や握手会会場など、《アイドル》のイベントが催されている場所、もしくはそのイベントそのものを〈現場〉と呼びます。単なる「会場」という意味ではなく、「推しと会える場所」という意味あいが強いです。

〈現場〉では〝推し〟と同じ時間、同じ場所を共有します。双方向のコミュニケーション●も可能となります。握手会はともかく、ライブでは「観客は見る人、アイドルは見られる人」という一方通行なのでは？　と思う人もいるかもしれま

▼第2章10【アイドルの発達段階】［p.110］

◆推しと会える場所

●コミュニケーションはそもそも双方向性とも言えるが、「返ってきた」実感が大事。

せん。しかし、応援グッズを持ってあなたのファンだとアピールをしてファンサービス（ファンサ）をもらうこともできます。一緒に踊ったり歌ったり拍手をしたりと、共に楽しみ、喜びを分かち合うことで●一体感を味わうライブや舞台では、双方向のコミュニケーションがあってこそ作品が成り立つとも言えます。

〈現場〉は生の体験であるため、一回限り－そのとき限りのものであり、再生不可能●です。ライブDVDなどが販売されれば何度も見ることができますが、そのとき－その座席で見て体験したことは、再現しようがない。そのため、現場を知るには「現場に行くしかない」のです。

また同時に、SNS（特にツイッター）の発達▼によって、〈現場〉で何が起きていたのかを「すぐに」「詳細に」「多くの人による」報告（レポ）で知ることができるようになりました。それにより、現場にいなくても現場で起こったことが不特定多数に発信され、その魅力を共有することが可能になりました。また、現場のいわゆる「作法」のようなものについての情報も共有されるよ

●どの程度その場にコミットできるかで、「現場」の満足度も変わる。

●再生可能なものがあふれているからこそ、再生不可能な体験はより貴重なものとなる。

▼**SNSの発達**
第5章29【伝える・伝わる・こころ通わす】

うになり、現場へ足を運ぶことへのハードルも下がりました。そのような影響もあり、現場へ足を運ぶ人も増え、また現場の数も増え続けているると言えるでしょう。《アイドル》というジャンル全体で、主たる活動の場がテレビメディアでなくなったことと〈現場〉の重要度が増していったことは対をなしている、と言われています。▼現場の重要度が増し、ＳＮＳや動画配信▼などの活動も活発になっている現在、多くの人が共通して認識しているアイドルというのはごく一部であったり、テレビメディアが主たる活動の場であった時代から活躍しているアイドルに限られてきていたり、というのが現状でしょう。

なぜ現場に通うのか

「アイドルのライブに行って元気をもらった」という言葉は、みなさんも耳にしたことがあるかと思います。●〈現場〉に行くことで、こころが癒される、▼回復する。現場が精神的な拠りどころとなる。そのようなことは容易に想像のつくと

▼香月〔二〇一四年〕本論末

▼**動画配信**
第４章26【画面の向こうに手を伸ばす】

▼**癒される／癒し**
本章18【声を愛する】ほか

●次の「現場」があるからなんとか日常を生きていける、という人も多い。

ころではないでしょうか。私は「現場に通うこと」の心理的な影響を明らかにしたいと考え、二名のジャニーズファン▼の協力を得てインタビューをおこないました▼。内容は以下のようにまとめることができます。

Aさんは、教師として働く二〇代後半の未婚女性。現場に通う回数は年間八〇回程度と、かなりの頻度です。「楽しむことへの自己中心的な欲求」に突き動かされて現場に通っていますが、楽しむだけではなく、教育職という「みずからの仕事に活かすものを得る体験」もしています。また、仕事のなかでふと「みずからの立場と重ね合わせる」のは、現場で見たアイドルが後輩の子どもたちの面倒を見る姿です。教育職に就いているAさんは、現場をただ楽しむだけではなく、幼い後輩の面倒を見るアイドルのあり方にみずからの立場を重ね合わせ、パフォーマンスや話術などのスキル面を見習い、活かしたいと考えているようでした。

Bさんは、子育てを終えた五〇代後半の女性で、契約社員として仕事をしています。現場に通う回数は年間十回程度です。Bさんにとって現場での体験は、現実から離れて十代に戻るような感覚をもつ「非日常体験▼」です。現場での「カタ

▼第2章10【アイドルの発達段階】(p.110)

▼荒井(二〇一九年)本論末

▼**非日常体験／非日常性** 本章18【声を愛する】ほか

ルシス▼による強力な気分転換」がなされるだけでなく、現場で「アイドルの在りように刺激を受け、みずからの生き方を正」し、また次の現場を目標に頑張ろうとみずから誓います。また、そこには、子育てを終えたBさんならではのアイドルのバックグラウンドの読み取りがあり、アイドルの親の気持ちにも思いを馳せながら、彼らの努力と頑張りにみずからが奮い立たされているようでした。

Aさん Bさんに共通しているのは、現場を非現実的・非日常的なものとしてとらえ、《アイドル》の歌やダンスなどのパフォーマンスを楽しみ、日常生活の嫌なことや疲れを癒すもの、元気の源として認識していることです。また、単に現場でパフォーマンスを楽しんでいるだけではなく、アイドルのスキルやアイドルとしてのあり方、努力、ふるまい、みずからの状況を重ね合わせ、みずからの生活に活かしています。これらのことから、現場に通うことによってエンパワメント▼されていると考えられます。

そのようなアイドルの内面やスキル、バックグラウンドを理解できるのは、テ

▼**カタルシス**
第1章05【スマホのなかの英雄たち】[p.064]

✦元気の源

▼**エンパワメント**
第1章01【折れないこころ、つながる想い】[p.029]

レビや雑誌などのメディアで切り取られた姿だけでなく、「生身の人間」として私たちの目の前にあらわれ、それをどのように見るかも生身の私たち次第である〈現場〉で、彼らを何度も見て感じ取っているからだろうと思われます。

現場の体験を共有する

先の調査の結果としては取り上げていませんが、〈現場〉が終わったあと同じファンの友人とともに「反省会●」と称してライブや舞台の感想を語り合ったり、ツイッターでレポや考察を流したりと、何かしらのかたちで現場で感じたものを他者と共有しているという人は多いものです。というか、自分で抱えることが難しい●。あふれる感情を誰かに話したい、誰かに聞いてほしい。その特別な体験を共有する人がいることもまた、現場に通う理由になり得ます。

「抱えることが難しい思い●」を誰かに話して共有する。これはカウンセリングにおける治療的な構造とも似通っています。みずからの悩みやつらさだけでなく、

●自分たちが反省する場ではない。ライブや舞台の「幸せな感想」とともに「ダメ出し」もする。

●そのような感情は、安全な場所で表出して他の誰かとともに抱えてもらう作業が必要。

●カウンセラーに語ることで気持ちを整理し、心を落ち着かせ、解決の糸口を見出す。

〝推し〟への思いを語るクライエントの話を聴くということも、カウンセラーの方々なら経験されたことがあるのではないかと思います。〈現場〉での体験を共有できる人がいない場合、共有できる人がいたとしても自分のなかで思いをおさめきれない場合、カウンセリングにおいてカウンセラーが共有できる相手となり得るということも、こころに留めておきたいところです。

参考文献
・香月孝史〔二〇一四年〕『「アイドル」の読み方——混乱する「語り」を問う』青弓社
・荒井久美子〔二〇一九年〕「アイドルの『現場』に通うことの心理的影響」日本心理臨床学会第三八回大会／自主シンポジウム〈サブカルチャーと心理臨床5〉にて話題提供

17 好きな色は、推しの色

メンバーカラー
色彩心理
葛藤
アイデンティティ

「好きな色は何、と聞かれて返事に困った。」

好きな色のことを考えるとき、昔読んだ銀色夏生の詩▼を思い出します――「好きな空の色ならうすい青だし、好きな服の色なら白。好きな地面の色は草原の緑」。

そして、好きな〝推しの色〟は、紫……。

私たちの生活はさまざまな色で溢れていて、それを選択する場面も多くあります。誰にでも「色の好み」はあって、服や身に着けるもの、使うもの。つい、い

▼銀色〔一九八九年〕本論末

✦色の好み

つも同じような色を選んでしまうという人も多いでしょう。好きな色を選択する基準のひとつ、それが〝推し▼の色〟です。

推しの色って……？

〝推しの色〟とは《メンバーカラー》と呼ばれるもので、〈メンカラ〉〈メンカラー〉と呼ばれることもあります。「イメージカラー」と言い換えるとわかりやすいでしょうか。グループで活動しているアイドルには、それぞれのキャラクターや立場●のイメージに合うメンバーカラーが決められていることが多いです。

《メンバーカラー》の役割としては、目印としてメンバーを判別しやすくするということが、まず挙げられます。大きな会場でライブを開催するアイドルは、遠目であっても、メンバーカラーの衣装を着ていれば一目で判別がつきます。それはテレビなどのメディア露出のときも同じで、例えばジャニーズのデビュー▼し

▼推し〔p.163〕

●センターやリーダー、最年少、癒しキャラなど、他と差異を明確にする。

▼第2章10【アイドルの発達段階】〔p.110〕

たてのアイドルグループは世間での認知度が低いため、メンバーカラーが衣装に入っていることが多いです。〈King & Prince〉（キンプリ）のデビュー曲シンデレラガールの衣装は白を基調としたメンバーカラーの王子様衣装でした。「キンプリの赤の人かっこいい！」「黒の人の雰囲気が好き！」などと、名前を覚えていない人でも会話やSNS発信において話題にしやすくなります。

アイドルグループに《メンバーカラー》が使われるようになったのは、一九八〇年代前半に活躍したジャニーズのアイドル▼〈たのきんトリオ●〉が元祖と言われます。現在活躍している〈関ジャニ∞〉や〈ジャニーズWEST〉〈なにわ男子〉など関西勢は、本人たちからメンバーカラーに関する発信も多く、東京のジャニーズよりチャンスが少ないといわれている関西ジャニーズの脈々と受け継がれてきた「爪痕残す●」精神とメンバーカラーの活用は関連があるように思われます。

▼第2章10【アイドルの発達段階】（p.110）

●田原俊彦、野村義男、近藤真彦の頭文字から。トリオとして活動したのは短い期間。

●東京での仕事で張り切り過ぎて空回りをしてしまうことも、若手の関西Jr.にはある。

メンバーカラーとキャラクター

色から感じられる意味やイメージからもたらされる《メンバーカラー》の印象にはどのようなものがあるでしょうか。個人的には、「赤＝リーダー・情熱的」「青＝知的・クール」「黄＝明るい・ムードメーカー」「緑＝バランサー・癒し」「ピンク＝可愛い・甘い」「紫＝セクシー・神秘的」「黒＝一匹狼的・特別感」あたりではないかと考えています。

《メンバーカラー》は、そのメンバーのキャラクターと一致するように選ばれることが多いのですが、時にはメンバーカラー決定の際に、メンバー同士で色を取り合ったり、メンバーカラーが変更されたりと、何かと本人やファンのこころを揺らす事態が起こることもあります。しかし、だいたいは時間が経つにつれ、そのメンバーカラーがしっくりくるようになります。見る側の慣れというものもあると思いますが、このあたりのキャラクターと色との関係はお互いに作用し合

●ある程度、共通するパブリックイメージは存在する。

●推しの気に入っていたメンバーカラーが変更になるのは、かなりショックなものである。

✦慣れ

うものなのかもしれません。●

メンバーカラーとの付き合い方

ファンは、ライブ会場などの現場において、推しの《メンバーカラー》の服やアクセサリー、小物を身に着けることで、「わたしは○△推し」ということを、アイドル本人にも周りの人にもアピールすることができます。現場だけでなく、日常的に使う文房具やポーチ・アクセサリーなどに、つい〝推しの色〟を選んでしまって、気づけば「推しの色だらけ」だったなどということもよくある話です。

〝推しの色〟を日常的に身につけたり身近に置いたりすることで、推しを身近に感じることができ、それだけで幸せな気持ちになります。▼

たとえ推しの《メンバーカラー》が好みでなくても、その色も含めて好きになるという人もいれば、好みではない・似合わない、とスタンスを変えない人もい

●メンバーカラーの色のイメージに、メンバーがキャラクターを寄せていくこともある

◆推しを身近に感じる

▼橘川〔二〇二一年〕本論末

るでしょう。比較的自分が受け入れられそうな色相にこだわってメンバーカラーを探す人もいるかもしれません。メンバーカラーとの付き合い方は、その人が「どう、その人らしくあるか」というアイデンティティ▼とかかわっているように思います。

カウンセリングでは、身につけている色や持ち物の色について話すなかで〝推し〟の話になること●もあります。《メンバーカラー》が話題にのぼったら、そのメンバーカラーとの付き合い方を扱っていくことで、その人の対人関係のあり方、外界との付き合い方を理解していくことも可能かもしれません。

▼アイデンティティ
第2章08【宇宙で抗う、思春期のこころ】ほか

●緊張をほぐしたり、相談者の強みを探すために、「好きなもの」の話を聴くこともある。

参考文献
・銀色夏生〔一九八九年〕「いつもいつも次に来る季節が好きだ」『Blance』角川文庫
・橘川朋美〔二〇二一年〕「ファン心理がメンバーカラーの着用に与える影響――ジャニーズファンに着目して」https://www.komazawa-u.ac.jp/~knakano/NakanoSeminar/wp-content/uploads/2021/03/.pdf〔最終閲覧日：二〇二二年八月三〇日〕

18 声を愛する

声優
コミュニケーション
没入体験
癒し
非日常性

《声優》と聞いてみなさんは、どのようなイメージをもたれるでしょうか。アニメの声を担当している人。海外の映画の吹き替えをしている人。もしかしたら、テレビなどのメディアで歌やダンスといったパフォーマンスをしている姿を想像する人もいるかもしれません。

ここ数年、《声優》という肩書がついた人を目にする機会は格段に増えています。声優ファン層以外の人も多く視聴するドラマ、バラエティ、情報番組のパーソナリティという場で、いわゆる「顔出し」をした状態で出演しています。

声優とは誰か

まず簡単に《声優》の歴史に触れておきます。

いわゆる私たちが想像する「声をあてる」職業としての《声優》の活躍は、洋画や海外ドラマの「吹き替え」が増え始めた一九六〇年頃から始まります。一九七〇年代はいろいろなアニメが制作されるようになり、一九七〇年代後半に制作された〈宇宙戦艦ヤマト〉のヒットが声優ブームへとつながっていきます。〈深夜アニメ〉などの流行によって一九九〇年代に声優ブームは加速し、役を降りた一声優としてテレビ番組に出演するということは稀でしたが、歌や踊りといったアイドルのような活動をこなす〈アイドル声優〉が密やかに、しかし確実にファンを増やしていきました。未だ《声優》のアイドル化についてはファンの

●ドラマの津田健次郎、バラエティ番組の宮野真守や木村昴、情報番組の梶裕貴などが有名。

●地球を救うために造られた宇宙戦艦「ヤマト」の旅と戦いを描いたSFアニメ。

あいだで賛否が分かれますが、田村ゆかりや堀江由衣などの声優が大規模なコンサートを成功させています。

さらには二〇〇九年、水樹奈々が声優としてＮＨＫ紅白歌合戦に初出場を果たし、以降《声優》の多様な活動が広く認知されるようになったと感じます。今では、爆発的に流行したアニメからファン層が広がり「△□役の誰それ」という紹介で、声を当てる仕事以外でメディアに出演することが増えてきています。

声優を好きになる

《声優》を好きになるきっかけはさまざまです。「見た目がかっこいいから／かわいいから」「ファン対応が素晴らしいから」など、声だけではない理由で推している人もいますが、やはり「声」を入口にファンになる人が多いようです。

よく聞くのは、好きなアニメのキャラクターをきっかけに、というパターン

です。そのキャラクターを演じる声優を調べると、以前ハマっていたキャラクターも同じ声優が担当していたとわかる。それをきっかけに「声」を意識するようになり、自分に好きな「声質」があることに気づく。そこから、キャラクターの構成要素としての声よりも、好きな「声質」●の声優を探し出し、その声優が出ている作品を視聴していくという楽しみ方に変化するという場合もあります。

楽しみ方もさまざまです。たとえば〈ドラマＣＤ〉という音声のみで構成されたドラマが収録されているＣＤがあります。アニメや小説・ゲームと原作がある作品や、完全にオリジナルの作品もあるのですが、本編の後にアフタートークとして出演声優たちの雑談コーナーが収録されている場合があります。そこでは役から降りた声優本人の語り●を聴くことができ、「声」だけではなくその声優自身に魅力を感じ、結果深みにハマっていくことにもなります。

ドラマＣＤのなかには、特定のシチュエーションが設定されていて、概ね一人の声優が一人称で語り掛けてくるシナリオの〈シチュエーションＣＤ〉というの

●高い、低い、澄んでいる、ハスキーであるなど、さまざま。

●それもまた、声優を演じている本人である可能性はあるが。

も存在します。こちらは、ダミーヘッドマイクというものを用いて私たちが普段両耳で音をとらえているのに近い方法で収録するため、ヘッドホンやイヤホンなどで聴くとあたかも直接耳に話しかけられているかのような没入体験▼を得られます。この体験は、日常生活といったん距離をとることにもつながり、感じていたストレスから切り離される体験となったり、〝推しの声優〟の声を聴くことで気持ちが満たされる体験になったりするのではないでしょうか。

▼**没入体験**
第1章03【眠らない夜の居場所】〔p.049〕ほか

声優になりたい

声優好きの中高生と関わっていると一定数「声優になりたい」という人に出会います。その方たちからは「声優さんへの憧れ」や「自分以外の役を演じる」ことに対する願望が語られていました。俳優ではなく《声優》を選んだ理由として「歌や踊りもしたいから」というものがありました。

◆声優になりたい

しかし、いざ進路選択●として「声優になりたい」と言われたとき、私たちはつい、困ったり否定したりしてしまいがちです。

「声優になりたい」その子は、俳優でもYouTuberでもなく《声優》のどこに惹かれ、自分もそうなりたいと願ったのでしょうか。職業として選びたいと思えるほど何かを好きになれる、そのエネルギー●はとても素敵な力です。現実的な職業選択の問題として考えるかはさておき、その思いを共に考える時間は、その子のもつ「成長してゆくエネルギー」の源を見つめる時間にもなり得るのではないでしょうか。

●声優になるための専門学校への進学を考える、上京する、など。

●そのエネルギーがあるということ自体が、その人の強みである。

参考文献

・佐藤桂一〔二〇一八年〕「現代日本における声優の歴史——声優の誕生と黎明期」明治大学大学院文学研究論集 49, 83-99.

19

海を超えても愛したい

K-POP

異文化理解
帰属意識
コミュニケーション

近年、音楽シーンにおいてもニュースにおいても、韓国のアイドルや芸能人の活躍を耳にすることが増えてきました。二〇〇〇年代以降、ＢＯＡ（ボア）や東方神起（とうほうしんき）、ＴＷＩＣＥ（トゥワイス）などは日本でも活躍していました。二〇二〇年に結成され日本でも人気のＮｉｚｉＵ（ニジュー）は韓国の事務所に所属しており、全員が日本人です。二〇二三年現在、世界的にいちばん人気が高いのはＢＴＳ（防弾少年団、バンタンソニョンダンとも）でしょう。

中高生、大学生から三、四〇代ぐらいの年代の女性の方と話していると、結構な割合でこのような《K-POP》アーティストの名前や、韓国の映画やドラマ作品、文化が好きという人に出会います。かくいう私も、K-POPから韓国に興味をもち始めたひとりです。しかし同時に、韓国のものに興味があると表明すると、複雑な反応が返ってくることもありました。

確かに両国の関係は、簡単には割りきれない難しいもの●があります。にもかかわらず私たちは《K-POP》に惹かれ、熱狂します。そこにはどんな世界が広がっているのでしょうか。

●歴史的背景への理解も、その人の立場や見方によってさまざまである。

ファンダム

BTSを初めとした《K-POP》アイドル文化のなかで特徴的なもののひとつに〈ファンダム●〉の存在があります。平たくいえば「ファンクラブ」なので

●熱心なファンたちの集まりや、彼らによって形成された文化のこと。

すが、日本のそれとは少しカラーが違います。

《K-POP》アイドルが曲を発表する際の流れを説明させてください。韓国では新曲をリリースすることを「カムバック」と言います。カムバック前には「ティーザー」と呼ばれる予告画像や予告動画などをオンラインで順次発表し、ファンを盛り上げます。いざカムバックすると、そこから二週間から一ヵ月ぐらいの期間、アーティストは音楽番組やバラエティ番組などに連日出演します。期間が終わると「活動終了」。アーティストたちはまた、楽曲の製作やライブなど他のイベントに向けて、水面下で活動します。

この「カムバック」の期間は、どのアーティストのファンもお祭り状態です。ひとつでも多くの一位をとってもらうため、楽曲の売上はもちろんYouTubeや音楽再生アプリなどで再生数を伸ばし、SNSでたく

✦お祭り状態

さん話題にあげるなどの活動を、ファン全体で協力して頑張ることになります。

たしかにそれは、純粋に多くの人に流行しての一位ではありません。しかしSNSでひとつの応援タグ●を見ると、世界各国の言葉で応援の言葉が書き込まれていますし、YouTubeなどでは自分たちが頑張れば頑張るほど、動画再生数は目に見えて伸びていきます。オンラインを通して同じアーティストを応援する全世界の人びととつながっている、そして自分たちの応援が結果として表れる、アーティストにも届くのだという感覚は、私たちに仲間意識や帰属意識●をもたせてくれます。

また曲の売上以外でも、メンバーの誕生日にはファンが駅や看板などの広告枠を購入してメッセージを送ったり、アーティストの名前で慈善活動●をしたり、時には政治的な話題●に関わることを発信することもあります。このようなファンの団結力や発言の力強さまで含めて、〈ファンダム〉と言えるでしょう。

●これを投稿に付けることで、同じハッシュタグ(#)を付けた投稿を見つけやすくなる。

●「組織や集団の一員である」という意識から生み出される一体感や、感覚、愛着。

●被災地域への寄付などをおこなっている。

●例えば、アメリカ社会の人種差別に対して抗議活動をするなど。

韓国のアイドルを好きになる

韓国のアイドルを応援することで得られる楽しさもあるのですが、日本のアイドルを応援するときには見られない、韓国ならではの事情にも幾つか直面しなくてはなりません。

まずは言葉の壁です。《K-POP》アイドルたちはファンとの距離が比較的近いように感じます。CDを購入した際の握手会やサイン会、ビデオ通話、ファンミーティングなど、直接会えるような特典もそうですが、オンライン▼を通じてアイドル本人たちがコメントを書き込んだり動画配信▼をしたりして、ファンとコミュニケーションをとることが多いのも、その理由のひとつです。好きなアーティストが喋っているのに何を言っているのかわからない、自分の気持ちを伝えたくても上手く伝えられない、そんなもどかしさが生まれる場面も多いのです。幸い、韓国語は日本語と語順や語源が似ていることもあり、習得が比較的容易です。

◆言葉の壁

▼**オンライン**
第5章29【伝える・伝わる・こころ通わす】

▼**動画配信**
第4章26【画面の向こうに手を伸ばす】

《K‐POP》アイドルを好きでいるうちに自力で少しずつ韓国語を覚えだす人も少なくありません。

また、徴兵制も大きな問題でしょう。韓国籍をもつ満十八歳以上の男性は、基本的には三十歳までのあいだで約二年間ほど兵役につくことが義務づけられています。《K‐POP》アイドルたちも例外ではありません。年齢的にもちょうど人気のあるときに徴兵に応じなくてはなりませんし、ほとんどのアイドルたちはグループで活動していますし、他の国籍をもつメンバーも所属するグループもありますから、メンバー全員が一斉に徴兵の時期に入るケースを除き、たいていは、誰かが欠けたまま活動していくことになります。その間に新しい後輩グループが次々デビューし、人気をもっていかれることもあります。ファンとしても、二年ほどの期間はなかなか様子を知ることも出来ず、待つことしかできないという状態になります。

また「七年目の壁」と呼ばれるものもあります。韓国においては、芸能人と事務所の専属契約期間の最長年月が七年と決まっています。デビューから七年目に入ると、どのグループも契約を更新するのかを事務所と話し合います。この時点で解散というかたちをとることになったり、自然消滅したりしてしまうグループが出てくるのです。また、個人としては事務所と契約を終了するがグループとしては活動するなど、グループのなかでも事務所と契約する人しない人がいる場合も出てきます。《K－POP》ファンにとって「七年目」は、今後もアーティストが見られるのかそうではなくなるのか、の不安を抱えながらの年になります。

◆不安

両国の歴史的・政治的な問題もあります。韓国のアイドルが日本で批判を浴びたり、韓国で芸能活動をしている日本人が韓国で批判を浴びたりすることもありますし、政治的に日韓の関係があまり良くない時期もあります。どちらの国にも他方の国に良い感情を抱いていない、抱けない人びともいます。

「好き」の力

言葉の壁、徴兵制、七年目の壁、歴史的政治的問題。このように、私たちと《K－POP》アイドルのあいだには多くの壁があります。それでも私たちは、海を越え、K－POPアイドルを応援します。なぜなら、「好きだから」。

私は「K－POPを好きになりたい」と思ったわけではありません。素敵だと思ったアイドルが、韓国のアイドルだったのです。もちろん、K－POPが世界をターゲットに活動していて、私たちが情報を得やすいという状況があったことも事実です。もしかしたら応援するにあたってのさまざまな壁や制約すらも、「好き」の力を後押ししてくれる要素●なのかもしれません。

オンラインでは距離や国境は関係ありません。近くて遠い、遠くて近い。さまざまな制約からより自由になれる「好き」のつながり、それが強く現れているのが現在の《K－POP》なのかもしれません。

✦多くの壁

●心理学的には「ロミオとジュリエット効果」と言われる。

20 接触という深い沼

若手俳優

疑似恋愛
理想化
脱錯覚
単純接触効果

「ハイタッチお見送りあり」

二・五次元舞台▼を観劇し始めた頃、次に行く舞台のホームページで、こんな文言を見かけました。当時この類の舞台界隈の文化を知らなかった私は、「キャストとハイタッチするの？」と、かなりの衝撃を受けたのでした。

当日のカーテンコール後、ほどなくして退場を促すアナウンスがされ、私は周りの様子を見つつ遅めに劇場を出ました。するとそこには、ロビーに出演者がず

▼**二・五次元舞台**
第2章15【現実と空想のあいだに遊ぶ】

らっと一列に並び、観客とハイタッチをしている光景が。どぎまぎしながら、そっとハイタッチしてそそくさと列を抜けたのですが、周りを見ていると『ハイタッチしちゃった』と友人と盛り上がっている人もいれば、歴戦の猛者のように堂々とした人、まったくポーカーフェイスの人もいて、さまざまでした。

一度その界隈に足を踏み入れると、さまざまなことに興味が向くのがオタクの性（さが）です。調べてみると、若手俳優のイベントが数多く開催されていることを知りました。映画の舞台挨拶、カレンダーや写真集の発売イベント、ＤＶＤ・ＢＤ発売記念トークショー、バスツアーなど、思っていたよりも近い距離感で見る機会が多いと感じましたし、実際に参加してみて、俳優から直接写真集を渡してもらったり、チェキを撮ったりする、いわゆる〈接触イベント〉の「近さ」の最たるものを目の当たりにしました。

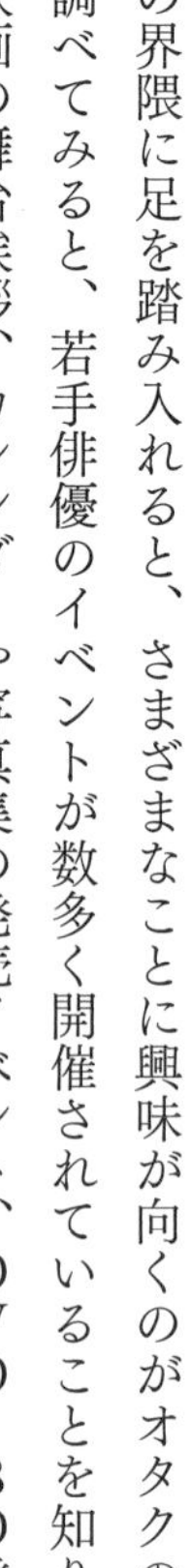

●オタクには「好奇心が強い人」「とことん調べることが好きな人」が多い。

●撮ったその場ですぐに写真をプリントできるインスタントカメラ。

●ハイタッチ会や握手会など、直接、会話や交流が出来るイベント。

「リアコ」とは

最近は誰か特定の芸能人を応援することを〝推す〟と表現し、その対象を〝推し▼〟、推しを応援する活動を〝推し活▼〟などと表現します。推し方は人それぞれですし、推しに抱く感情や思いの深さもさまざまです。アイドルや俳優としての公的な姿のみを好きになる人もいれば、推しその人を神のごとく崇拝✦する人もいます。そして恋愛対象✦として好きになる人もいるのです。

ここ数年よく耳にするリアコ●は「リアルに恋している」の略で、俳優やアイドル、アーティストなどの芸能人(あるいは有名人)を相手に恋をしている人のことを指します。ちなみに「同担拒否●」は同じ推しを応援するファンとつながりたくないことですが、同担拒否の人が必ずしも「リアコ」なわけではありません。一方で、リアコの人は、恋敵がたくさんいる状態は歓迎できないので、「同担拒否」の場合が多いのではないかと思います。では、どのようにして恋する気持ちが高まるのか、

▼**推し** (p.163)

▼**推し活** (p.163)

✦崇拝

✦恋愛対象

●「ガチ恋」も類義語だが、男性ファンにも使う言葉として区別される。

●ジャニーズファンが「推し」のことを「〇〇の〝担当〟」と名乗っていたのが語源。

ここでは若手俳優の「リアコ」について考えていきます。

推し活で高まる気持ち

二・五次元を含め、舞台を中心に活躍している《若手俳優》を推している場合、直接芝居を観に行き、生で見る機会が多くなります。コロナ禍になってからは難しくなりましたが、以前は会場にプレゼントボックスが設置されており、プレゼントや手紙を、間接的にですが〝推し〟に渡すこともできました。

舞台の他に、先にも記したように、チェキを撮ったり握手したりすることができる〈接触イベント〉もわりと頻繁に開催されます。ライブあるあるの「絶対に今、目が合った」よりも確実に、実際に〝推し〟の目の前に行き、顔を見て言葉を交わし、接触できるのです。身体的な接触だけでなく、日常的に会うなどの機会が多いほど、相手に好意的になりやすくなるという単純接触効果により、接触イベントが多ければ多いほど、好意は高まりやすくなると考えられます。

また、舞台やイベント、グッズなどにお金を使ったり、手紙やSNSなどに時間を使ったりすることで、自分の「好き」という想いを再確認することもあるかと思います。自分の支払った対価の分だけ、強い気持ちがあると感じるのです。そして接触イベントに行って〝推し〟との時間をもつことで、さらに想いが高まるという、幸福を感じるループに入っていくのではないかと思います。

また、駆け出しの俳優となると、イベントの参加人数が少なくなることがあります。一概には言えませんが、一般的に、コミュニティが小さくなればなるほど、ファンとのコミュニケーションは密になりますし、〝推し〟に認知●される可能性も高くなります。特別感は高まり、「もしかしたら付き合えるかも」と期待が高まることもあるでしょう。

このようなさまざまなことが起こるなかで、恋する気持ちは大きくなっていくのではないかと思います。

✦幸福

●自分の存在を認識してくれること。

✦恋する気持ち

接触イベントでもっと好きになる

イベントはたいてい、俳優本人と進行役（いないときもある）、時にはゲストを交えてトークするという「推し－対－多数」の構造です。しかし、質問コーナーや俳優からの投げかけがあり、自分が指名されたとき、その瞬間はにわかに「推し－と－自分」の二者関係▼になります。この場合、そのやりとりが終われば二者関係は終わりますが、その一時は「選ばれた」という特別感が生まれます。握手やチェキ撮影も同様で、自分の順番が回ってきたとき、その時間だけは「推し－と－自分」の二者関係になるのです。そしてそこで、自分にとって特別で、相互なコミュニケーション▼が発生します。

地下アイドルのものですが、チェキ会についてのこんな描写があります▼。

《「ハグしたときにね、耳にかかった髪の毛払ってくれて、何かついてたかなって

▼**二者関係**
第1章02【言葉がもたらす希望と呪い】［p.034］

▼**コミュニケーション**
本章16【今週末も現場です！】「コミュニケーション」［p.168］

▼宇佐見［二〇二〇年］
本論末

思ったら」

成美が声をひそめる。

「いい匂いする、って」

やっぱ。》

「やっぱ」、この一言に尽きるのではないでしょうか。服や髪型を褒められたり、イベントに参加したことを労われたりと、推しに真摯に対応されれば、「優しくされた」と感じてさらに想いは高まりますし、相思相愛になったような気持ちになるかもしれません。そこには刹那的にですが、疑似恋愛的な関係が存在するように思います。現実の恋愛でも、好きな相手が自分に微笑み、話してくれる、それはとても幸せな出来事です。「リアコ」の人たちは、対象が俳優というだけで、現実の恋愛と同じ感じ方をしているのではないでしょうか。

一方、この二者関係が現実の恋愛関係と違うのは、〝推し〟に対して理想化が

◆相思相愛

●現実の恋愛ではない、恋愛の感情の体験。

●現実よりも理想的にとらえたり、そのように思い込むこと。

はたらき、それが崩れにくいところです。現実の恋愛関係においては、関係のなかでさまざまな感情が掻き立てられ、楽しいだけ、美しいだけの関係とはいかないものです。しかし、「リアコ」と推しの関係においては、リアコは自分のなかにある理想像を推しに重ね、推しの方からも概ね一定以上の優しさで接してくれることで、イメージが保たれます。そしてそこには、現実の恋愛関係にはあり得ない、良いことしかない関係が生じることになるのです。そうなればもう、〝幸せな沼〟から抜け出したくなくなるのも自然なことなのではと思えます。

◆幸せな沼

恋する気持ちが変わるとき

そんな〝沼〟にいるときに、〝推し〟の熱愛が報道されたり、SNS上で交際関係を匂わせる投稿がされたりしたら、どうでしょうか。俳優やアイドルの彼女の存在が公になることを「カノバレ」と呼びますが、これは「リアコ」にとっては死活問題です。突然、自分と〝推し〟とのあいだに割って入る第三者が現れたように感じ、「浮気された」ような傷つきとなるのではないかと思います。

他にも、〝推し〟から塩対応●されたと感じると、失恋したように傷つくこともあるでしょう。さまざまなことをきっかけに気持ちが変化し、他の俳優に流れていくこともあれば、「こんなにお金を遣ったのに」、「裏切られた」など、高まった好意が反転し、推しやその交際相手への攻撃●に発展することもあるのです。

SNS上のレポなどを見ると、「リアコ」として割り切って疑似恋愛を楽しんでいる人もいれば、気持ちが大きくなりすぎてつらくなり、リアコをやめる人も見かけます。この現実との境目✦をどう考えていくかが重要なのでは、と感じます。

刹那的な疑似恋愛関係のはずが、その関係が継続的で現実のものであると思い込むようになると、問題に発展してしまうことがあります。ある調査によると▼、あやしげな手紙を書く人の一〇～一五%が実際にスターに会おうとするとしています。つまり、稀にですが、自分のなかで想いが煮詰まっていくことで、周囲を

●そっけない対応や、冷たい対応をされること。

●ネット上で「炎上」することもある。

✦現実との境目

▼グロス（一九九五年）本論末

驚かすような行動をとってしまう場合があるということです。周りに現実へと引き戻してくれる人がいたり、自分でブレーキをかけたりできれば、その関係が刹那的で疑似的なものだと思い出し、踏みとどまることもできるでしょう。ひとたび現実との境目を踏み越えた行動を起こしてしまうと、〝推し〟側も出入り禁止を発動するしかなく、誰も幸せにならない結果を招いてしまうのです。

もちろん多くの「リアコ」は、自分の恋は叶わないものだと考えつつ疑似恋愛のときめきを楽しんでいます。そして、自分が会いに行くことが少しでも〝推し〟の幸せ●につながると信じて〝幸せな沼〟に揺蕩う、それも人生を豊かにする「推し活」のひとつの形だと思います。

●推しの幸せが自分の幸せでもある。

参考文献

- 宇佐見りん〔二〇二〇年〕『推し、燃ゆ』河出書房新社
- 山田一成・北村英哉・結城雅樹編著〔二〇〇七年〕『よくわかる社会心理』ミネルヴァ書房
- リンデン・グロス／秋岡史訳〔一九九五年〕『ストーカー――ゆがんだ愛のかたち』祥伝社

21 活動休止という優しいピリオド

二〇二〇年末をもってジャニーズ事務所▼のアイドルグループ《嵐●》は活動休止に入りました。この原稿を書いている二〇二三年春現在、メンバーの大野智以外の四名のソロの活動は充実しているものの、活動休止状態は続いています。

最初に書いておきますが、タイトルに「ピリオド」と付けたものの、これが嵐の「終わり」と言っているわけではありません。嵐五人で活動することはもうないのだろうと認識しているファンもたくさんいますが、活動再開を待っているフ

▼第2章10【アイドルの発達段階】〔p.110〕

●一九九九年にCDデビュー。相葉雅紀・松本潤・二宮和也・大野智・櫻井翔。

アンもたくさんいます。

しかし、ひとつの区切りとして活動休止というピリオドを打ったこと自体は事実だと思いますので、このようなタイトルにしています。

嵐の活動休止をめぐって

活動休止の発表がなされたのは、二〇一九年一月のことです。日本中に衝撃が走りました。毎年ライブに駆けつける熱心なファンからお茶の間で楽しんでいるライトなファンまで、どれほどの人が《嵐》を好きだったのでしょう。嵐がそれまで十年余り国民的アイドル●として芸能界のトップに立っていたことは間違いないですし、その地位にいながら彼らの優しい雰囲気や気さくな持ち味、メンバー同士の仲のよさなどには親近感も持ちやすく、いつでも私たちのこころのすぐそばにいる存在●でした。

●知名度が高く、幅広い世代から好感を抱かれているアイドルのこと。

✦親近感
●親しみやすさは、心理的な距離感を縮める。

活動休止までの約二年は、感謝の思いを伝えていく期間として準備されました。二〇二〇年には東京オリンピックが開かれる予定があり、《嵐》は公式応援サポーターという国家の大きな役割を与えられていました。もはや嵐は、嵐だけでその進退を決めることができない、その象徴でもあったように思います。そのなかでも、自分たちなりのピリオドの打ち方として、丁寧にファンとの時間をつくり、向き合っていくという選択をしたのだと思います。

《嵐》の活動休止を語るためには、二〇一六年の《SMAP》の解散●についても触れないわけにはいきません。事務所内の運営側の軋轢や番組での謝罪会見など、その経緯も含めてSMAPの解散騒動は、当時多くの国民にショックを与えました。熱心なSMAPファンの傷つき▼はどれほどのものであったか、計り知れません。この一連の経緯を、おそらくSMAPに続いて国民的アイドルとなった《嵐》は強く意識していたことと思います。

●木村拓哉・中居正広は事務所に残り、草彅剛・稲垣吾郎・香取慎吾は退所した。

✦ショック

▼**傷つき**
第2章08【宇宙で抗う、思春期のこころ】ほか

アイドルの活動を終えるということ

アイドルグループの解散やグループ脱退を含める引退などは「アイドルとしての活動を終える＝アイドルとしての死」ということになるのではないかと思います。そのアイドルへ強くこころを寄せて共に生きてきたファンにとっては、強烈な喪失体験▼です。

身近にいる誰かや、思い入れのある誰かを失ったとき、私たちは深く悲しみ、つらい時を過ごします。人が愛着▼や依存の対象を喪失したときに生じる心理的な過程のことを「喪」と言います。そして、失った対象から次第に離脱●していく過程を「喪の作業●」と呼ぶこともあります。アイドルに対する喪失体験、およびそこからの回復過程も「喪の作業」ということができるでしょう。

自分たちの活動休止によるファンの心理的混乱●をできる限り抑えたい。できるだけ前を向いてほしい。それらは、言い換えれば、ファンの「喪の作業」の負担

▼**喪失体験**
第1章01【折れないこころ、つながる想い】〔p.026〕ほか

▼**愛着**
第1章06【凍りつき、溶けだす姉妹】〔p.071〕ほか

●離脱としたが、「喪失対象と持続する絆を大切にする」方向が望ましいとも言われている。

●精神分析を創始したフロイトによる（モーニングワーク）。

●ショックを受ける、怒りを感じる、抑うつ状態になる、など。

が少しでも軽く済むように、という願いであったと考えられます。同時に、メンバー自身も二年という時間をかけることで、少しでも納得して活動休止に入りたいという思いもあったことでしょう。メンバーもまた「喪の作業」のただなかにいたのかもしれません。

優しいピリオド

二〇二〇年十二月三十一日、コロナ禍のもと開催された活動休止前最後のコンサートは東京ドームからライブ配信されました。最後、白い衣装に身を包み、肩を組みながら中央の大きな階段を背を向けて登っていく五人。そのあと正面を向いて手をつなぎ、ファンに向けてその手を大きく上に掲げた姿。「これで活動を止めてしまうのだな」……そのショックが私の体の奥に鉛のように沈みました。

年が明けてもその重さを引きずって、数日は少し鬱っぽい状態で過ごしました。

《嵐》のコンサートに数回行ったことがあるものの、そこまで追いかけていたわけではない私ですらこの有様です。熱心にこころを寄せ続けたファンの気持ちはどれほどのものだったでしょう。

コロナ禍のために東京オリンピックは延期され、予定されていたイベントの多くが中止となったり配信に切り替えられたりと、《嵐》の活動休止までの二年間は、思うようなかたちでの活動はできませんでした。それでも、どんなときも真摯な姿勢●でファンを思って決断をしてくれた。それは多くのファンのこころにしっかりと届いていたと感じます。

また五人で《嵐》として私たちの目の前に立つ日がくるのか。それは私たちにはわかりません。それを期待する人、期待しながらもどこかであきらめている人、期待しないように過ごしている人。そういう多様なファンのあり方を許してくれる包容力と優しさが、《嵐》の活動休止という選択にはあるのではないでしょうか。

●その時とりうる対応として「最善」を選んでくれたのだ、とファンが思えるような姿勢。

◆期待

◆あきらめ

◆優しさ

22 好きなものの終い方

宝塚歌劇

セルフケア
回想
老年期
終活

すみれの花咲くころ　はじめて君を知りぬ
君を想い日ごと夜ごと　悩みしあの日のころ

宝塚大劇場では、開演五分前にこの『すみれの花咲くころ』のメロディーが流れます。一九三〇年、宝塚歌劇団によって上演された日本初の本格的レビュー『パリゼット』の主題歌として使われた、百年近い歴史のある曲です。今日もまたこのメロディーを聴きながら、大勢の観客が急ぎ足で劇場に入場していきます。

私はこのメロディーを聴くと肩の力が抜け、いろんな役割を果たそうと頑張っていた自分に気づきます。こころのなかが自由になり、仕事から解放されているという実感が、仕事への意欲を高めます。趣味を介した、仕事とは関係のない人びととの交流は、新たな人間関係●を生み、生活の幅を広げてくれます。▼

「皆様、本日はようこそ宝塚大劇場へお越しくださいました。○組の△□です」とトップスターのアナウンスが流れると、お芝居とショーからなる三時間の公演の始まりです。カッコいい男役と可憐な娘役が、あなたを豪華絢爛な夢の世界●に誘います。

宝塚歌劇という夢の世界

宝塚歌劇団は二〇二四年に創立百十周年を迎える未婚女性だけの歌劇団です。

✦自由

✦解放

✦意欲

●仕事・職場と家庭、そのどちらでもない「サードプレイス」の重要性が注目されている。

▼厚労省〔二〇一九年〕本論末

●ディズニーランドと同様、現実を感じさせることは極力避けて世界観を守っている。

宝塚音楽学校の卒業生のみが団員となれて、入団後は研究科の生徒という立場になります。主に十代後半から三十代前半の生徒が花・月・雪・星・宙の五組に分かれ、本拠地・兵庫県宝塚市にある宝塚大劇場や、東京宝塚劇場で定期的に公演をもちます。それ以外にも首都圏での公演や地方・海外公演もあります。

宝塚歌劇と聞くと、大きな羽根や独特の濃いメイク、キラキラとした豪華な衣装を思い浮かべる方も多いと思います。劇場後方の客席から見てもスターたちの存在感がよくわかるようになっています。

代表的な作品に、一九七〇年代の大ヒット漫画を原作とした『ベルサイユのばら』、ウィーン発のミュージカル『エリザベート』などがあります。他にも『風と共に去りぬ』や『ロミオとジュリエット』は定期的に再演されます。最近では漫画原作の『ポーの一族』『るろうに剣心』『CITY HUNTER』、LDH●とコラボした『HiGH & LOW』など、ファン層の拡大につながる話題作も多く上演されています。

●EXILEらを擁する芸能事務所。

宝塚を愛するファン

いったいファンはどのようなきっかけで宝塚歌劇のファンになるのでしょうか。ファンの初観劇は幼稚園や小学校までが約半数、高校までになると全体の八割となっているそうです。▼ファンになったきっかけは身近な人（友人、母親）の影響の割合が高くなっています。ファン歴が長い人が多く、さらに身近な人●とのファンコミュニティが存在しているということが言えそうです。

タカラヅカファンは宝塚歌劇に、現実には求めない外見および精神面においての夢々しい美しさを求めていて、現実の男性に求めるものと男役に求めるものは異なる、ともいわれます。▼男役には「性的だが性のない（セクシーだが、セックスレス）」▼という表現がとてもしっくりきます。男役はあくまで女性が演じる男性であり、娘役はその男役をよりカッコよく見せるため膝を折ってより添い、高い声を出すことで、互いの男性性・女性性●をより明確に演じています。

▼上瀬（一九九四年）本論末

●意外と、みなさんの身近にもファンがいるのではないだろうか。

▼上瀬、同

▼Robertson（1989）本論末

●「ファンタジーとしての」男性性・女性性と言うべきか。

「トップスターはファンが育てる」といわれます。▼男役として一人前になるには十年かかるともいわれています。劇団最速でトップスターになった天海祐希さんは初舞台から七年目でその地位に就きましたが、トップスターになるためには十二、三年ほどかかることが多く、トップスターの在任期間は概ね二、三年であり、トップ就任のときから退団へのカウントダウンが始まります。スターをめざして切磋琢磨し、カッコいい男性を演じていても、男役とはとても儚い存在●であると言えます。

以前、ファン仲間らと「なぜ宝塚か?」という話になりました。みんな、それぞれにクラシック音楽や演劇など幅広くエンターテイメントを楽しんでいる人たちです。「歌舞伎は誰が襲名していくか決まっている。上手い人が観たかったら、オペラや劇団の芝居を観に行く。次は誰がトップになるのか?『あの生徒、もうちょっと歌がうまかったら最高なのに』と思いながらその成長を見守る●のも楽

▼都〔二〇一四年〕本論末

●数少ないが、退団後も男役のスタイルを通す元タカラジェンヌもいる。

●定期的に公演があるため、公演ごとに成長していく姿を追うことができる。

しい」と、生徒に対するジレンマ●を抱えつつその成長ぶりを見守っていけるところが宝塚の魅力だという話になりました。

ファンと生徒のセカンドキャリア

宝塚歌劇団を退団、つまり「卒業」したOGには多くのセカンドキャリアの選択肢があります。ファンを多く抱えるトップスターのOGは芸能界で活躍する人も多いですが、他にもダンス講師やマナー講師になったり、大学進学や留学をしたり、結婚、就職等さまざまな第二の人生を歩みます。ファンはOGのそんな活躍をどう見ているのでしょうか。

ファンは好きなスターが退団すると、①宝塚を観に行かなくなる、②他のスターのファンになる、③特定のスターは応援せず、宝塚全体のファンになる、④退団後のスターを引き続き応援する、のいずれかに落ち着くことが多いと思います。

●相反する事柄の板挟みになること。

私の場合は①の後、年を重ね、③に復帰したパターンです。人生の折々にいつも宝塚がそばにいてくれました。

二〇一九年に『ベルサイユのばら45』というガラコンサートが開かれました。初演でマリー・アントワネットを演じた初風諄（はつかぜじゅん）さんの歌声が一気に半世紀前の舞台の情景を呼び起こしました。さまざまなライフイベントを乗り越えたOGらの歌や芝居には、なんとも言えない深みが増していました。舞台からは、半世紀のあいだに亡くなられた多くの方の思いを感じとることができましたし、客席二千人分の「四十五年」の人生までもがビシビシ感じられました。私も現在と過去を行き来しながらみずからを振り返って涙し、トークに笑い、目の前の出演者に大きな拍手を送りました。

たとえ大好きなスターが退団したとしても、たとえ一時期、宝塚歌劇から離れていたとしても、生涯を通して、宝塚という夢の舞台を楽しみ続けられる。ライ

●なにかを記念して企画され、特別な催しとして開催される演奏会のこと。

●就職・転職、進学、育児・出産など。

フイベントと宝塚の思い出がオーバーラップし、人生の意味づけや再構築▼に役立つ。これらもまた、宝塚歌劇の醍醐味のようです。

終活と宝塚

人生も半ばを過ぎると、ふと、いつまで宝塚を楽しむことができるのだろうかという思いがよぎります。いつかくるその日に向かって、自分は人生をどう結んでいくのかなと想像します。残りの人生を「モノ」ではなく、「コト（体験）」で至福の時としていくこと。年を重ねていったり世情が変化していったりするなかで、観劇スタイルも配信や映像にシフトしていくのかなと思います。終活●とは、その折々の老いに適って生きていく●ということなのでしょう。

宝塚歌劇の公演の幕が下りると、観客はこの歌声を聞きながら家路を急ぎます。幸せな感動✦と、少しの寂しさ✦を胸に抱えながら。

▼再構築
第2章07【仮面の下は光か影か】〔p.091〕ほか

●人生の終わりに向けて準備する活動。

●老いに逆らったり抗ったりするのではなく、受け入れて生きていくということ。

✦幸せな感動

✦少しの寂しさ

さよなら皆様　さよならごきげんよう
楽しい思い出　心に秘めて
お別れいたしましょう　また会うその日まで

『さよなら皆様』

参考文献

- 上瀬由美子〔一九九四年〕「タカラヅカファン」松井 豊編『ファンとブームの社会心理学』サイエンス社
- 厚生労働省〔二〇一九年〕「一五分でわかるセルフケア3／ストレスとつきあう方法8／仕事から離れた趣味を持つ」https://kokoro.mhlw.go.jp/selfcare/〔二〇二二年六月十日閲覧〕
- ルーシー・グラスプループ／甲斐清高訳〔二〇二一年〕『日本の女性ポップカルチャー研究 —— セクシュアリティに注目して』Artes MUNDI
- 都あきこ〔二〇一四年〕『宝塚歌劇100周年：ファンも知らない!? タカラジェンヌのすべて』三栄書房
- Robertson,J.（1989）*Takarazuka: Sexual Politics and Popular Culture in Modern Japan.* University of California Press.
- 薊 理津子〔二〇一九年〕「タカラヅカファンの心理 —— 日本人ファンと海外ファンとの比較」江戸川大学紀要

第4章 創るのは、表現するのは、なぜ？

この章では、「なにかを創り表現する」ことの背景にあるこころに関する考察を集めました。

なにかを創ったり表現したりすることは、今や特別なことではありません。インターネットの発達に加え、これまではプロしか使えなかったような機材や素材が比較的容易に手に入るようになったことで、現代は、誰もが創作者・表現者・発信者になれる時代となったのです。

このような状況に至った要因のひとつには、多くの人びとが「自分も何かを創りたい」と願い、「表現する」という行為を渇望していた、ということがあるのではないでしょうか。

カウンセリングのなかでも、絵を描いたり、箱庭やコラージュを作ったりする「表現療法」という種類のセラピーがあります。そこでは、なにかを創り表現することそれ自体に、カタルシスをはじめとしたこころを癒す効果があると考えられているのです。特に、子どもはまだ言葉をうまく使えませんから、「プレイセラピー（遊戯療法）」といって、遊びを通してこころを表現することが多くあります。また大人であっても、言葉にできない思いに水路づけをするために、表現療法を採り入れることは珍しくありません。

さらには、自分自身でなにかを創り、それをカウンセリングの場に持ち込んでくる人もいます。イラストや小説が多いですが、アクセサリーや文具といったハンドメイドのグッズ、さらにはＣＧ動画を作って見せてくれた人もいました。それらの創作物は、いかにもその人らしかったり、反対に「この人、こんなの作るんだ？」という意外性が垣間見えたりと、いずれも興味深いものばかりでした。

ある女性は、手先が器用な人でした。長期間続いたカウンセリングを私の都合で終えることになったとき、彼女は私に、手づくりのこぢんまりとしたプリザーブドフラワーを贈ってくれました。緑色と紫色を基調にしたシックな印象のもので、私は今もそれを自分の仕事場に飾っています。

何年たっても色あせない、鮮やかなその花を見るたび、私はいろいろなことを思い出し、考えます。彼女はどんなことを思って、これを作ったのだろう？　この花にはどんな思いが込められているのだろう？　落ち着いた色合いは、彼女がカウンセリングの場で感じていた気持ちなのか、あるいは別れのさみしさや哀しさの表れなのだろうか？　それとも、そう感じること自体に、私の罪悪感や感傷が映っているのだろうか……。

こうした経験からふと気づきました。

なにかを創る、表現するという行為は、受け取り手があってのことなのです。創ったものを自分だけで楽しみ、引き出しの奥にしまっておくこともできますが、現代の創作者の多くは、それらをインターネットにアップし、誰かに見てもらおうとします。他ならぬ私自身も、小説を書いてはインターネット上にアップするということを、かれこれ二十年以上、続けています。

私の場合、時折なにか強烈で抗いがたいイメージが頭のなかに湧いてきて、それをまとまった創作物にしないと他のことが考えられない状態に陥ります。カウンセラーのくせにどうしてそんなことになるのか分析できないのか、と言われると困るのですが、自分の顔が自分では見られないように、「自分自身のこころ」というのは、自分ではなかなか分からないものなのです。

ただ、その衝動は創作するという方法でしかおさめられないので、仕方なく小説を書きます。たとえがわるいですが、排泄にも似た行為ですので、他者に伝えたいメッセージは特にないつもりなのです。それでも「まあ、せっかく書いたんだし」と、とりあえずインターネット上にアップはします。私自身は読者からの「いいね」などの反応はあくまで付加物だととらえていますが、それでも、もらえると正直、嬉しいものです。読者から感想文をもらって、自分を理解された気持ちになれたり、自分にはなかった新たな気づきが得られることもありました。――カウンセリングの場に自分が創ったものを持ち込んできた人たちも、もしかすると、このような気持ちだったのかもしれません。

受け取り手のリアクションを求めていないつもりの私ですら、読者から僅かでも反応があれば嬉しいのですから、もっと「いいねがほしい」、「自分を認めてもらいたい」という理由から創作や表現をする人も、たくさんいることでしょう。また、創作や表現を通して誰かとつながることを求める人も、多いように思います。「同じものが好きな人、似た体験をしている人と、思いを共有したい」という気持ちから創作や表現に向かうというのも、よく理解できます。

あるいは、自分の理想を模索し、追求し、実現するために創作や表現をする人もいるのではないでしょうか。自分がほしいものを自分で創造したり、なりたい自分になるために独自の表現をするなど、自己実現の術として創作や表現を用いることには、さながら芸術家のようなストイックさを感じさせます。

このように、創りたい・表現したいこころにはさまざまな背景があると考えられますが、先にも述べたように、今や、それらを可能にするツールは私たちのすぐ傍にあります。この章を読まれるなかで、みなさんのこころの奥の創造性が刺激され、表現したいという思いが新たに芽吹く……なんてことも起こりうるかもしれませんね。

23 知らない誰かが認めてくれる

SNSでの自己表現

承認欲求
仮想現実
拡張現実
アイデンティティ

落語の演目「寝床」はご存じでしょうか？　ある大家の旦那。すっかり義太夫●にハマり、定期的に長屋の者を集めては、義太夫を披露しています。しかし、大家の義太夫はお世辞でも上手とは言えない。「義太夫の会」に呼ばれた長屋のみんなは、何かと理由をつけて断ろうとします。……と、そこから長屋の人びとのいろいろなやりとりが展開されていくお話です。

江戸幕府が開かれて以降、武士の多くは戦に備えるだけでなく芸事などの文化

●浄瑠璃の一種。語りもの音楽として演奏される。

的な活動もするようになり、それは庶民にも広がっていったそうです。先ほどの大家のように芸事にハマり、「せっかくだし、誰かに見てもらいたいな」ということは、実際によく見られた光景なのでしょう。

現代でも、地域のサークル活動やSNSを通じて、自分の作品や表現を見てもらおうとする様子はあちこちで見受けられます。今やデジタルデバイス●やインターネット▼〔以下、ネット〕の普及も手伝い、素晴らしい作品が星の数ほどネット上に挙げられています。

ここでは、自身の作品をネットに挙げている人たちがどのような想いを抱いているかを、〈同人〉活動の流れも概観しながら、説明していこうと思います。

◆誰かに見てもらいたい

●パソコン、スマートフォン、タブレット、ゲーム機など。

▼**インターネット**
第5章29【伝える・伝わる・こころ通わす】

◆同人活動

同人活動の変遷——アナログからデジタルへ

いわゆる「素人」が、自身の作品を世に出すひとつの手段として、近代から「同人誌」というものがありました。これは、同じ趣味や志をもつ人たち（同人）が資金を出し合い、執筆したものを発表していくもので、一八八五年に尾崎紅葉・山田美妙らが自費で「我楽多文庫」を刊行したのがその始まりと言われています。戦後になると、マンガやアニメの分野が発展し、日本を代表する漫画家が登場してきますが、彼らの作品を原作とした〈二次創作〉▼に没頭する人たちも多く出てきました。同人誌は、こうした二次創作ものを発表する場としても栄えていきました。そして一九七五年、コミックマーケット●（通称コミケ）と呼ばれる同人誌即売会が開催されるようになり、同人活動の市場はさらに発展していきました。現在の〈同人〉作品は、冊子だけでなく、音楽、映像、コスプレ、グッズなど、さまざまなジャンルのものが作られています。

　そして、こうした〈同人〉活動の反映に寄与したのが、パソコンやネットの普及です。ここで少し、私自身の体験を紹介したいと思います。

▼**二次創作**
本章24【女性が紡ぐ、もしもの世界】

●毎年八月と十二月に東京ビッグサイトで開催される。

私は中学・高校時代、楽曲を作っていた時期がありました。当時、音響機器もキーボードとラジカセくらいしかなかったので、大したクオリティのものは作れませんでしたが、上手く言葉にできない想いを形にし、それを身近な友人に聴いてもらうことで、自分を確かめていくような作業をしていたのかもしれません。

✦自分を確かめていく

その後、大学生になって、家にもネットがつながり、自分のパソコンを手にした頃、画面に「ド、レ、ミ」などと入力するだけで、作曲・編集・演奏ができる「サクラ」という作曲ソフトを見つけました。そのソフトを使って初めて曲を作ったところ、自分自身の演奏技術が上がったわけではないのに、表現の幅もクオリティもはるかに高いものが出来上がったのです。また、そのソフトで作った曲をアップできるサイトもありました。実際に曲をあげてみると、数日後、見ず知らずの人から「素敵な曲ですね！」とコメントがきました。それまで家と学校だけだった自分の世界が、このときに一気に広がっていったのです●。

二〇〇七年「初音ミク●」の発売以降、こうした作曲ソフトにより多くの人たち

●居心地のよいサードプレイスは、ネット上に持つこともできる。

●音声合成できるミュージックソフトのボーカル音源、およびそのキャラクターのこと。

が作曲活動に勤しむようになり、音楽業界全体のあり様も変わっていきました。デジタルデバイスの進化は、音楽だけでなく、小説、イラスト、アニメ、動画、コスプレ、工作など、あらゆる表現活動に影響を及ぼし、ネットを通して一瞬にして世界中に届けることができるようになりました。こうした作り手たちは、アナログな方法で表現活動をしていたときとは明らかに違う体験をしているのではないか？　社会の流れの変化と自分自身の体験から、そういった問いを私はずっと抱き続けていました。

ネットに作品をあげる人たち

そこで私は共同研究者と、インターネットに作品を投稿する人たちの心理プロセスを明らかにするインタビュー調査を実施しました。▼ 少人数へのインタビュー調査だったため、表現活動している人の全体像を表しているとは言いづらいです

▼片岡・高井・三田村（二〇二一年）本論末

が、いくつか興味深い結果が見えてきました。

まず、オリジナル作品を作っている人たちは「自分の想いを伝えたい」という動機で作品を作っていたのに対し、二次創作を作っている人たちは「原作に触れていくなかで気になったり納得がいかないと感じた空白部分を埋めたい」という動機で作品を作っていたのです。

ネットに作品をアップする理由を尋ねたところ、彼女たちはネットの世界を「否定されない場所●」と感じている、ということが明らかになりました。否定されない場で、自分の考えを載せた作品を見てほしい、そして「作品を通じて他者とつながりたい」と思い、ネットに作品をあげていることがわかったのです。

斎藤は、現代の学校の様子を例に挙げ、子どもたちは日常の生活のなかではそれぞれ「○○キャラ」というものに当てはめられてしまい、それ以外の姿を見せづらくなっていると指摘しています▼。また正木はSNSでは、否定されるかもしれない不安を最小限にして承認を得る▼ことができると述べています▼。

●カウンセリングにおいても、「否定されない」安心できる場所であることが重要である。

✦他者とつながりたい

▼斎藤〔二〇一六年〕本論末

▼**承認を得る／承認欲求** 本章26【画面の向こうに手を伸ばす】〔p.262〕

▼正木〔二〇一八年〕本論末

なぜ、自身の表現活動をネットやSNS上にアップするのか？　それは、ネットやSNS上でなら日常の世界で当てはめられてしまった「キャラ」を解除することができ、本当の自分の想いを表現できる、と感じている人も大勢いるからなのではないでしょうか。

我シェアする、ゆえに我あり

マサチューセッツ工科大学の心理学の教授であるシェリー・タークル氏は、TED●でスピーチしたとき、現代の若者を中心としたSNSヘビーユーザーの心理を次のように言い表しています▼。

"I share, therefore I am."　　我シェアする、ゆえに我あり。

●さまざまな分野の専門家による講演を主宰しているNPO団体。

▼タークル〔二〇一二年〕本論末

これはデカルトの有名な「我思う、ゆえに我あり」●を文字ったものですが、ネットが普及したことで、人は「つながっていないと自分とは思えなくなっている」ことを指摘しています。

このタークル氏の指摘は、いつでもつながっていることへの問題提起として挙げられていますが、この指摘と先の調査結果を合わせて検討すると、自身の表現活動をネットやSNS上にアップしている人たちは、その活動を通じて、現実では確認しづらい「本当の自分」●を、せめてネットの世界で模索していきたい思っている可能性もあるのではないしょうか。

●あらゆるものの存在を疑っても、それを疑っている自分の存在は疑うことができない。

●主体性のある自分の状態。

ネット＝非リアル？

少し前まで「ネット＝非リアル」という考えが根強くありました。すなわち、オフラインでの生活が「現実」で、ネットは非現実と捉えられ、「ネット上でのつながりは、現実的なつながりではない」といった意味合いで使われていたのです。

確かに、本名でネット上でも活動しているということがない限り、オフラインとネット上では違う姿を見せていることが多いとは思われますが、果たして「ネット＝非リアル」なのでしょうか。

あるドキュメンタリー番組で、バーチャルリアリティ●〔以下、VR〕クリエイターの田名部康介さんは、もともと協調性がない性格だったのがVRを始めたことで世界が広がり、今では世界中に二千人以上の友達ができ、さらにはVR上で知り合ったシンガポール人の方と結婚されています。田名部さんにとって「VRの世界は、仮想現実ではなく拡張現実●▼であった」とも語っています▼。

ネットやSNSは、使い方を間違うと、依存してしまったり犯罪に巻き込まれてしまう場合もあり、ネット・リテラシー●をもつことは大切ですが、その世界で自分を表現していくことは、普段の属性に縛られた自分を自由にし、自分の世界

●「仮想現実」と訳される。

●現実に重ね合わせられ、仮想的に拡張された世界のこと。

▼**拡張現実**
第1章03【眠らない夜の居場所】「第二の現実」〔p.048〕

▼NHK〔二〇二〇年〕本論末

●インターネットを正しく使うための知識や能力。

▼**アイデンティティ**　第2章08【宇宙で抗う、思春期のこころ】〔p.097〕ほか

を広げ、属性に縛られない「本来の自分」を反映したアイデンティティ▼を構築する可能性をもっているのではないでしょうか。

参考文献

- NHKノーナレ〔二〇二〇年〕「蕎麦屋タナベVRのススメ」〔四月二十七日放送〕
- 片岡彩・高井彩名・三田村恵〔二〇二一年〕「インターネットに作品をあげる人たちが体験するプロセスに関する研究」日本心理臨床学会第四〇回大会ポスター発表
- 厚生労働省〔二〇一九年〕「一五分でわかるセルフケア3／ストレスとつきあう方法8／仕事から離れた趣味を持つ」https://kokoro.mhlw.go.jp/selfcare/〔二〇二〇年六月一〇日閲覧〕
- 斎藤環〔二〇一六年〕『承認をめぐる病』ちくま文庫
- 正木大貴〔二〇一八年〕「承認欲求についての心理学的考察——現代の若者とSNSとの関連から」京都女子大学大学院現代社会研究科博士後期課程研究紀要 12, 25-44.
- シェリー・タークル〔二〇一二年〕「つながっていても孤独?」https://digitalcast.jp/v/15796/〔二〇二三年一月十一日最終閲覧〕

24 女性が紡ぐ、もしもの世界

二次創作

創造性
自己治癒力
エンパワメント
関係性

「あのキャラクターって絶対、裏では寂しがりで、甘えん坊な性格だと思うんです。でも、ピクシブで検索しても出てこない。だから自分で書いちゃいました!」

《二次創作》という言葉をご存じでしょうか。おおまかに説明すると、既存の漫画やアニメ、ゲーム、すなわち「原作」の世界観や登場人物を使って、イラストや漫画、小説などを創作することです。

一九七〇年代にはすでに、自分たちで作った《二次創作》の同人誌を持ち寄り頒布する同人誌即売会「コミックマーケット」▼が開催されるようになりました。現在ではそうしたイベントに加え、自分の二次創作をSNSやインターネットのサイト●で公開し、交流する活動が活発になされています。

原作の著作権を侵害しているのでは？　と思われる方もおられるかもしれませんが、多くの場合、ファン活動の一環として黙認されています。実際、クオリティの高い二次創作が流行することで、それを目にした人が原作に興味をもち、購入に至るパターンも少なくありません。今や、二次創作がどれだけ生み出されるかが、原作の人気のバロメーターにもなっているのです。

しかしそれにしても、原作というものがありながら、なぜわざわざ《二次創作》をするのでしょうか。

そのわけは冒頭の語りに凝縮されています。「ないなら創ればいいじゃない」——DIY *Do It Yourself* の精神です。想像力▼のたくましい人が原作にふれると、「こ

▼**コミックマーケット**
本章23【知らない誰かが認めてくれる】[p.231]

●イラストコミュニケーションサービスpixiv（ピクシブ）など。

✦DIYの精神

▼**想像力**
第2章15【現実と空想のあいだに遊ぶ】ほか

のキャラクターには実はこんな隠れた一面があるのでは?」「この二人は裏ではこんな動きをしていたのでは?」など、行間をこれでもかと深読みし、独自の「解釈」を生み出します。そこから同じ解釈をしている人（まさに同人）の作品を求めて、ツイッターやピクシブで検索します。ネットという広大な砂漠のなかで、自分とよく似た解釈の二次創作（オアシス!）に辿りつけることもあれば、冒頭の語りのように「まだ誰も描いていない、同じ解釈の人が見つからない」といった事態に直面することもあります。こんなとき、それまでになかった創造性を発揮し、みずから二次創作を始める人がいるのです。

✦創造性

漫画であれ小説であれ、《二次創作》の世界では、自分の思うままに好きなキャラクターを動かし、関係を作り、描写することが可能です。原作で非業の戦死を遂げたキャラクターも、二次創作のなかでは生き返らせることができますし、現代日本に転生させて平和な学園生活を送らせることもできます。既存のキャラクターを使って自由に遊び、もしもの世界の創造主となる。その営

みはさながら、自己治癒力●を引き出す箱庭療法●のようでもあります。

さらには、作品をネット上に投稿することで、同じ解釈をもつ同志が自分の作品を見つけてくれるかもしれません。作品の感想が送られてきたら嬉しくなるでしょうし、触発された同志が「自分も書いて（描いて）みようかな」と、新たに二次創作を始めてくれることもあります。《二次創作》というエネルギッシュな行為には、みずからの内なる創造性を呼び覚まし、活性化させるだけに留まらず、他者の自己治癒力を引き出す力も備わっているのかもしれません。

二次創作の最大派閥、腐女子

男性による《二次創作》も多くありますが、本節では女性の二次創作に焦点をあててお話ししたいと思います。

女性が紡ぐもしもの世界▼にもさまざまな種類があります。たくさんのキャラクターが和気藹々と過ごしているギャグテイストの作品から、不治の病などあえて

●自分で自分を癒す力のこと。

●砂箱にミニチュアを置くことで自由に世界を創る、心理療法のひとつ。

▼**もしもの世界**
第2章13【私も隊士になれますか？】[p.139]

キャラクターを苦しめるような設定を施した作品まで、まさに千差万別です。なかでも最大の多数派は、特定のキャラクターをカップルに見立てた「カップリング作品」と呼ばれる二次創作です。そうした創作をする女性の多くはいわゆる〈腐女子〉、すなわちBL●を好む人たちです。

〈腐女子〉に関しては長い歴史がありますが、二〇〇〇年代に入ると、研究者による調査や論考、当事者研究的なエッセイなどが多く発表されるようになりました。それらのなかには的を射ている指摘もあれば、当事者の感覚から大きくずれているものもありました。いっときは「オタクの女性=腐女子」という雑な誤解がなされていたこともあります。実際には「女性のオタク」にもいろいろあり、腐女子はその一部です。

ともあれ、〈腐女子〉という名称は有名になりました。コロナ禍の二〇二〇年頃からは、タイで制作されたBLドラマ（タイBL●）が日本を含め世界中を巻き込んでの大ヒットとなり、日本でもBLドラマが継続的に制作されるようになりました。●このようにBLが一定の市民権を得たことにより、腐女子の立ち位置も、

●ボーイズラブ、男性同士の恋愛。

●タイの番組制作会社GMMによる“2gether”などが有名。

●二〇一六年のドラマ『おっさんずラブ』の大ヒットも影響もあり、継続的に制作されている。

以前より正確、かつオープンなものになりつつあるように感じられます。

《二次創作》の話に戻ります。漫画家よしながふみは「女性の萌えは、関係性▼に萌える」と指摘していますが▼、〈腐女子〉の人びとも、「この二人の関係性は、友情ではなく、もしかして恋愛感情なのでは……!?」といったように、原作のキャラクター同士の関係性に着目し、独自の解釈を見出そうとします。

その関係性は「カップリング」と呼ばれ、「攻め」と「受け」の組み合わせによって成立します。端的にいうと、性行為の際に性器を挿入する側が「攻め」、挿入される側が「受け」です。同じキャラクターの組合せであっても、「攻め」と「受け」が逆ならば異なるカップリングとみなされます。

いずれにせよ、腐女子の人びとは原作には描かれていない何かを見ようとして、空想の羽をぐんぐんと広げます。そして仲間を探しにネットの砂漠に繰り出し、オアシスが見つからなければ自分で水脈を見つけて掘りだす、すなわち《二次創作》を始めるのです。

▼**関係性**
第2章13【私も隊士になれますか?】ほか

▼よしなが〔二〇〇七年〕本論末

◆独自の解釈

◆空想の羽

カウンセリングの場に来る〈腐女子〉の人びとは、たいてい初回ではそのことを明かしません。腐女子であることを話してくれるのは、相当な信頼の証であると言えるでしょう。同時に、彼女たちは現実においても「関係性」の読み取りに敏感であることが多いように思われます。「お母さんとおばあちゃんは……」「クラスのあの子とあの子は……」といったように、関係性を否応なく深読みしてしまう癖が、ときに本人を苦しめることもあるのでしょう。

しかしながら、ひとたびその想像力が《二次創作》に向かうと、彼女たちは生き生き●とします。「SNSに投稿したイラスト、いっぱい『いいね』もらえた」と、はにかみながら話す姿に、作品そのものは（恥ずかしいから、と）見せてもらえなくとも、こちらも嬉しくなってしまいます。

●二次創作に限らず、何かを創作するという活動は「命が輝く時間」になり得ることが多い。

自分が世界に入る、夢女子

《二次創作》をするもうひとつの派閥として（最大野党とでもいいましょうか）、〈夢女子〉と呼ばれる人びとがいます。夢女子とは、アニメや漫画、ゲームなどの原作の世界に、自分が考えたオリジナルのキャラクターである「夢主」を登場させ、原作キャラクターと交流させる〈夢小説〉を書く人びとを指します。

いわゆる〈ケータイ小説●〉が流行しだした二〇〇〇年頃から、主人公の名前を任意に変更できる小説投稿サイトが複数運営されるようになりました。そこでは読み手が、主人公である「夢主」の名前を自分の名前に変換することで、自分自身がその夢小説の、ひいては原作の世界に入ることができるのです。ピクシブでも二〇二〇年に「単語変換機能」が導入され、主人公の名前を任意で設定できるようになり、多くの〈夢小説〉が投稿されています。

「夢主」が女性として設定され、原作の男性キャラクターと恋愛関係になるパターンの〈夢小説〉が圧倒的に多く、〈夢女子〉は夢主に自身の姿を投影●していると見なされがちです。とはいえ、それだけではなく、夢主が男性や家族として設定されていたり、第三者的な視点になっていることもあります。「夢」の見方にもいろいろあるのです。

●携帯電話を使用して執筆・閲覧される小説。

●作者や読者の願望が、小説のなかの夢主の言動と重なって表現されている、という理解。

〈夢女子〉の二次創作の特徴として、主人公（夢主）が原作のキャラクターたちから次々と好意を寄せられるハーレムのような作品がある一方で、主人公が原作のキャラクターたちに嫌われる、いじめられるといった描写がある「嫌われ夢」というジャンルが存在することがあげられます。最終的に主人公が救われる作品もありますが、原作のキャラクターに異常な加害性が付与されていたり、壮絶ないじめを受けた主人公が自傷行為に走るなど、二次創作のなかでも「嫌われ夢」は独特の存在感を放っています。

しかし、考えてみれば夢にも「悪夢」があります。また私たちのこころにも、暗い影の部分が確かに存在します。単純すぎる仮説かもしれませんが、日々生じる鬱屈した気持ちや自己嫌悪など、こころのダークサイドを肯定し、昇華させるものとして、「嫌われ夢」は支持され続けているのではないでしょうか。

夢小説のなかでなら、いくら己を傷つけても現実の肉体は傷つきません。「嫌われ夢」の世界にこころを浸すことが、代理の自傷として機能することだってあるかもしれません。夢小説、とりわけ「嫌われ夢」というジャンルには、そうし

●リストカットなど、身体を傷つける行為。

▼**自傷行為**
第2章11【傷と血と痛みによる美しき世界】(p.119)

●気持ちが晴れず、心がふさぐこと。

●こころを守る防衛機制のひとつ。満たされない欲求を、社会的に容認可能な行動で満たすこと。

◆代理の自傷

た一風変わったかたちで彼女たちの心身を守るはたらきがあるのではないか、と感じるのです。

〈腐女子〉と〈夢女子〉に共通する特徴のひとつとして、「原典（の世界観・キャラクター）への愛を原動力」とすることが挙げられています。▼《二次創作》は基本的に、日常生活には無用のものです。だからこそ、そこには女性たちの自発的で、熱い「愛」のエネルギー✦が注がれています。もしもの世界を紡ぐことで、生きづらい現実世界をサバイブ●するための糧とする。二次創作という営みには、そんな効果があるように思われます。

▼吉澤〔二〇二〇年〕本論末
✦愛のエネルギー
●「なんとかやっていく」こと。

参考文献
• よしながふみ〔二〇〇七年〕『よしながふみ対談集：あのひととここだけのおしゃべり』太田出版
• 吉澤夏子〔二〇二〇年〕「〈私〉の性的主体性――腐女子と夢女子」『ユリイカ』52（11）

25 描いて読んで、育て合う

育児絵日記

自己表現
育児ノイローゼ
ピアサポート
癒し

皆さんは《#育児絵日記》というジャンルをご存知でしょうか？

私はもともとマンガが好きで、いろいろなジャンルのマンガを広く浅く、特に大好きな作品はどっぷりと深く読みこんでいくタイプなのですが、育児絵日記は、自身のライフステージ●に変化があるまで、まったく手をつけていないジャンルでした。しかし、一回読み始めると、なかなかに興味深い世界だったのです。

まず《#育児絵日記》とは、文字どおり、育児の記録をイラスト形式、マンガ

●就職・転職、進学、育児・出産などの「ライフイベント」によって区切られる、人生の段階。

形式、写真に文字やイラストを加える形式で投稿されているものを指します。ハッシュタグ▼（#）が付いていることから、通常は、書籍におけるジャンル分けではなく、ツイッターやインスタグラム、各種ブログといったインターネット上の検索キーワードですが、今回は、イラストやマンガを扱うため、ジャンルという表現をしています。

さて、ツイッターやインスタグラム上で#育児絵日記というハッシュタグを検索すると（一部、写真なども含まれますが）かなりの件数が上がってきます●。

この膨大な投稿数は、今までプロの漫画家や文筆家といった一部の人が育児エッセイとして担っていたものが、SNS▼やデジタルイラストアプリの発展から、プロではない一般の方も気軽に投稿出来るようになった状況が反映されてのことでしょう。実際に目を通していくと、《#育児絵日記》の投稿者は、もともとイラストを本業にしているイラストレーターの方ではなく、趣味もしくは副業とし

▼**ハッシュタグ**
第3章19【海を超えても愛したい】〔p.190〕

●インスタグラムでは約七〇万件。

▼**SNS**
本章23【知らない誰かが認めてくれる】ほか

て投稿している人も多いように感じます。なかにはフォロワーが数万〜数十万もいて、投稿した育児絵日記が書籍化された人もいます。

育児絵日記でつながる

《#育児絵日記》の投稿内容の傾向として、まずは成長記録や「育児あるある」があげられます。成長記録としては、月齢ごとに子どもの成長記録をイラストやマンガにしていたり、育児をしているなかでよくみられる現象●が投稿されています。フォロワー自身も投稿者と同じ子育て世代が多いと考えられ、コメント欄では「あるある〜」といった共感的●なニュアンスのコメントがよく見られます。

もうひとつはメモ・紹介を含む育児情報的な内容のものです。これらには、買って（使って）良かったものや、行って良かった場所の、メモ・紹介、乳幼児期

●赤ちゃんがティッシュで遊んでいたり、寝たと思って布団に置いた瞬間目覚めるなど。

●カウンセリングにおいても「共感的理解」というものが大切にされる。

に見られやすい病気の対処方法、といった情報が多く含まれます。

　これらの投稿が多くフォローされるのは、おそらく、乳幼児など小さい子どもを育てている層にとってツイッターやインスタグラムなどのＳＮＳは手軽で使い勝手が良いものだからだと思われます。ある研究では、育児情報源としてインターネットを利用している母親は回答者の九二・七％いて、もっとも利用頻度が高いのがＬＩＮＥ、次いでインスタグラム、行政機関のホームページという結果が示されています。

　これは想像ですが、育児上の悩みがあったとしても、すぐに行政機関や専門機関に問い合わせをする方は、わずかなのではないでしょうか。そもそも、その悩みが相談するレベルのものなのか、相談場所は合っているのかなど、動き出す前に考え込んでしまうこともあるかもしれません。自分で調べようと思っても、自分が求めている内容の育児書を探して読むという作業は、乳幼児を抱えていると想像以上に難しいことです。

●乳児湿疹や、熱性けいれんなど。

▼中島・永井〔二〇二〇年〕本論末

●カウンセラーとしては、些細なことでもご相談いただきたいところですが……。

その点SNSは、ハッシュタグ（#）をつけて検索すれば自分の欲しい情報がすぐ見つけられ、紙面をめくる必要がないので片手間に読むことも出来ます。特に、イラストやマンガのものは視覚的に分かりやすく、画像を「パッと見ただけ」で理解しやすいのも特徴です。

また、自身が親になるまで乳幼児とふれあう機会が無かったり、身近に育児について相談できる存在がいないことなどで父親・母親問わず育児への不安を抱いていたり、実際に育児ノイローゼ●になる人もいます。特に産後の母親は会陰切開など出産に伴う傷や急激なホルモンの変化に加えて、子どもの免疫上の理由から、しばらくは外出することもままなりません。そのため、孤独感や閉塞感●、社会から置いていかれてしまった気おくれなどを意識することもあるでしょう。

しかし、「夜泣きで眠れない」や「イヤイヤ期でしんどい」など、少し疲労感を感じる投稿のコメント欄を見ると、共感的なコメントの他に「つらい」というニュアンスのコメントをしたフォロワーに対して別のフォロワーたちが労ったり、

●育児により情緒が不安定になったり、うつ状態になったり、精神的な不調をきたすこと。

◆孤独感

●先が見えず、現状が打開できない状態。

◆気おくれ

◆疲労感

解決方法を提示したり、あたかも育児支援のピアサポートグループ●のようなあたたかなやりとりを見ることもできます。

そのようなやりとりをされた側はもちろん、見た側も「（この状況にいるのは）自分だけではない」という気持ちになって、孤独感が薄まるのではないかと考えられます。また、コメントを残して何かしらのフィードバック●を得られると、「誰かと、つながっている」という感覚も得られるのではないでしょうか。

時に投稿者からフォロワーに対してアンケートをとることもあります。投稿者が疑問に思っていることであったり、フォロワーの声を代表して「みんなは○○についてどうしている？」と尋ねるものもあります。これは、匿名性▼のあるSNSだからこそ気兼ねなく尋ねることが出来たり、答えることが出来たりするのではないかと感じています。

もともと人には、自分と類似点●がある人に親しみをもちやすいという傾向があ

●同じような課題や悩みをもつ仲間同士による「支え合い」のグループ。

●コメントに返事をする「リプライ（リプ）」や、「いいね」を押すなどの反応。

▼**匿名性**
本章26【画面の向こうに手を伸ばす】

●例えば同郷である、同い歳である、同じ趣味を持っている、など。

るので、《#育児絵日記》の投稿者に同じような状況・立場である子育て中のフォロワーが親しみをもつのは、納得が出来ます。

一方で、コメント欄を見ると、独身の人や子育て後の人のコメントもあり、それだけではないこともうかがえます。私の周囲からは「子どもを好きなのが伝わってくるのがイイ」、「子どもって大変そうだな、でも微笑ましい」、「懐かしくて愛らしい」という声もありました。

子どもの幼さや柔らかさを表現したような色味の画風であったり、ビビットな画風でもくすりと笑える、ほっこり出来るような作風の投稿者だと、フォロワーの人数が多いように感じます。そうした投稿は、日常生活のなかのちょっとした癒し▼にもなっているのかもしれません。

▼**癒し**
第3章16【今週末も現場です!】
第3章18【声を愛する】

育児絵日記を描く

では、《#育児絵日記》を描くというのは、どういうことなのでしょうか。インスタグラムなどでは、初期の方の投稿に「記録として描きます」と書いてあったり、自己紹介文に「記録用アカウント」と書かれているのをよく目にします。子どもの成長は速く、写真などで残しきれない日々の思い出を記しておきたいのかもしれません。

いろいろな育児絵日記を追っていて気が付いたのは、イラストレーターなどの肩書がない人の投稿のピークが、子どもが一歳半頃になるまでのことが多く、それ以降は投稿が激減・休止・停止されることです。私はそれを「一歳半の壁」とこっそり命名していました。おそらくその時期までには、投稿者自身が復職したり、家事や育児、その他のことで忙しくなったりして、限られた時間のなかでさまざまなミッションをこなしていく際に、日記を描くことの優先度が少しずつ低くなっていくのだと思います。

投稿者自身の投稿の理由はそれぞれにあると思いますが、どのような理由であっても、ＳＮＳへ投稿するということは、基本的には投稿者の自己表現▼の場であるといえます。イラストレーターが本業の人であれば、育児絵日記をきっかけに自身をアピールするツールとして有効に使えるでしょうし、そうではない人も、他者とのつながり、社会とのつながりというものが投稿の先にあるのではないかと思います。そう考えると、産後なかなか外出しにくい期間に投稿が集中し、外へ出てリアルに他者とつながる機会が増える時期に投稿が減っていくのも、頷けます。

育児中に「親としての自分」ありきになり、「自分らしさ」を見失うことは多々耳にしたことがあります。育児絵日記を描くということは、自分の好きな、あるいは得意なイラストを使うことで自分らしさを維持しつつ、親としての自分も表

▼**自己表現**
本章23【知らない誰かが認めてくれる】本章26【画面の向こうに手を伸ばす】ほか

◆自分らしさ

現できるツールとなっているのかもしれません。

　ただし、描き手として意識する必要があるのは、子ども自身が成長した際に《＃育児絵日記》を読む可能性があり、子どもへの心理的影響●が考えられるということです。私は先ほど「一歳半の壁」と表現しましたが、子どもが物心つかないうちに投稿をやめるというのは、どこかでそういう意識がはたらくのかもしれません。

《＃育児絵日記》の場は、付かず離れず、自分の距離感で必要なときに必要な情報へアクセスできる最適な育児コミュニティになっていると考えられます。投稿者とフォロワーたちがゆるくつながり、お互いの存在によって成り立つ《＃育児絵日記》、この機会にご一読いただけたらと思います。

●育児漫画を描いていた漫画家が我が子から告発されることもあった。慎重に考えたい。

参考文献

・中島千英子・永井由美子〔二〇二〇年〕「母親の育児情報源としてのＳＮＳ利用に関する調査」大阪教育大学紀要：人文社会科学・自然科学 68, 41-49.

26 画面の向こうに手を伸ばす

動画配信サービス

自己表現
他者評価
承認欲求
匿名性
非対称性

「テレビ離れ●」という言葉をよく耳にするようになりました。《動画配信サービス》を利用した動画の視聴が増えたことも「テレビ離れ」を加速させている要因のひとつでしょう。好きなドラマや映画、アニメだけでなくテレビ番組でさえ好きなタイミングで視聴できる手軽さや、コンプライアンスの枠組に過度に制限されずに作成された番組の面白さなど、動画人気の理由はたくさんあります。

視聴者が増え、動画が身近になるにつれ、動画を作って配信する人も増えてきました。短い動画を簡単に撮影して投稿できる動画共有プラットフォームも数多

●ライフスタイルの変化や、ネット・ゲームに費やす時間の増加なども、その理由のひとつだろう。

く作られています。誰しも配信者、見られる側になることができる、そんな現代の動画配信者と、そのこころについて考えてみたいと思います。

配信サービス、いろいろ

《動画配信サービス》は大きく二つに分かれます。ドラマや映画、アニメといったコンテンツを有料で視聴できるサービス●と、主にアマチュアの配信者が作成した動画をアップし共有する動画共有プラットフォームとしてのサービス●です。前者は「サブスクリプション」▼が生まれてから、一気に増えてきました。後者はフラッシュ動画●が作成されアップされていた頃から続く使われ方で、当時は少数の配信者が動画を作成し、配信していました。次第に、パソコンの画面をそのまま録画したり、気軽に動画を撮影できる技術が進歩してきたことにより、動画をアップする配信者も増え、国内外で動画共有プラットフォームが広く活用されるようになりました。

● Amazon Prime Video や Netflix, Disney+ など。

● YouTube, TikTok、ニコニコ動画など。

▼**サブスクリプション** 第2章14【怖い話はお好きですか？】[p.146]

● パラパラ漫画のような仕組みで、複数の画像を繋げた動画やゲームのこと。

▼**フラッシュ** 第5章29【伝える・伝わる・こころ通わす】[p.295]

動画の種類も、楽曲や映像作品をアップした物や、コンピューターゲームの音声を入れながらプレイするゲーム実況動画、商品の紹介動画、レクチャー動画、さまざまなものについての解説や考察をする考察系動画、「歌ってみた」や「踊ってみた」などのパフォーマンス系動画など、かなり多彩です。

スマートフォンでの動画配信も可能になったことから、以前よりも手軽に動画配信ができるようになり、今では〈生配信〉されることも頻繁です。また、視聴回数に応じて広告収入を得る「アフィリエイト」や、生配信での「投げ銭●」などといった収益化も可能となり、動画配信で生計を立てる人もいるという時代になりました。

●YouTubeの「スーパーチャット（スパチャ）」などが代表的。

なんのために配信するのか

配信者にとって動画は、作品でもあるし、自分自身でもあります。動画のなかにまったく姿を表さない配信者から、声のみ登場する配信者、動画のなかに姿を現して自分そのものを作品として動画の一部にする配信者などいろいろです。どのような動画であれ、「自分」が関わる作品である以上、動画への評価は、自分自身への評価として受け取られます。いい評価は自信につながりますし、悪い評価に自分自身が否定されたように感じたり、傷ついてしまうこともあります。

人には他者に認められたいという承認欲求がありますが、動画配信にはそんな承認欲求を満たす要素があります。承認欲求は「欲求」という言葉が示すように、人間なら誰もがもっている当たり前の気持ちです。人は少なからず他者からの評価によって自分自身を評価します。評価を含めた他者との関わりのなかでこそ、「自分」らしさが表現され、表現することによって自分で「自分」を知り、自己イメージが作られていくのです。

動画配信における関わりも他者との関わりですから、他の対人関係と同様に「自分」を形づくる要素のひとつです。しかし、通常の対人関係とは少し性質が異なります。動画配信における他者との関わりが対面での関わりとどのように違うのか、また、それがこころにどのように関わってくるのかを、動画配信のもつ「匿

✦傷ついてしまう

▼**承認欲求**
第4章23【知らない誰かが認めてくれる】ほか

●他者からの評価を気にしすぎると、生きづらさを覚える。

●自分をどのような人間だと感じているか。自分の価値をどのように感じているか。

▼**自己イメージ**
第2章11【傷と血と痛みによる美しき世界】［p.126］

名性」と「非対称性」といった二つの特徴から考えてみたいと思います。

匿名性と非対称性がもたらすもの

配信者からは、視聴者の顔が見えません。多くの動画は誰が視聴したかがわからないようになっていますし、コメントやメッセージは本名を明かさないことがほとんどです。加えて、視聴者が多数であることがさらに匿名性を増します。たくさんのなかでは、一人ひとりがどんな人なのかが見えにくくなり、増えれば増えるほど個性は重要ではなくなります。たくさんのなかの一人になることは個性を減じ、匿名性を増すことにつながります。

匿名性によって作られた画面越しの関わりには、日常的な他者との関わりとはずいぶんと違った性質があります。匿名性の高い他者は重要な他者●にはなりにくく、関わりの質は薄められます。さらに、動画配信には視聴回数、高評価、チャンネル登録数など、量という指標が加わります。このような匿名性による関わり

●自分にとって心理的に非常に近い存在のこと。

の希薄化と、評価の数値化により、画面越しの関わりでは「質」よりも「量」の方に目が向きがちになります。そうなると評価は良し悪しの二極になりがちで、感想やコメントといった内容を伴うリアクションは、背景に埋もれてその価値が失われやすくなります。まるで画面を通すことで、関わりの性質が「アナログ」から「デジタル」へ変換されてしまったかのようです。関わりそのものを体験することよりも、良し悪しの評価が前景化しやすいことが、動画配信のひとつの特徴であるといえます。

匿名性は、視聴者を守ると同時に、配信者を守ることもあります。匿名性により心無い言葉の量は増えるかもしれませんが、一つひとつの言葉の影響力は薄まり、見ず知らずの人から言われる言葉ということである程度、受け流すことができます。匿名性は、視聴者と配信者の間に距離をつくり、関わりの質を薄め、それが時には守りになります。

反対に、たくさんの人との関わりのなかで、その質を薄めることができなかった場合、一人ひとりが重要な他者になってしまい、こころは関わりのキャパシティーを超えてしまうでしょう。そのようなとき、批判的なコメントは血肉を得て、真に配信者を傷つけます。配信者は常にそのような、視聴者と適切な距離を保つバランス感覚を求められているのです。

質が薄められた関係は、物足りなくもありますが、気楽でもあります。数値化された評価は時にシビアではあっても、一つひとつ評価に捉われなくてもいい。そんな距離感が動画配信のハードルを下げているのかもしれません。

また、多かれ少なかれすべての人と人の関わりは、聞き手と語り手、行為者と受動者といった「非対称」の上に成り立っているものですが、配信者と視聴者との関係はその性質ゆえに、特に非対称性が極まっているといえます。役割の違いによる非対称性だけでなく、匿名性によって、関わりはワンウェイミラー●のように一方向的になり、配信者はたくさんの視聴者に見られつつ、配信者からは姿が見えないといった非対称な場が生まれます。加えて、配信者が一人から数人であるのに対して視聴者は多数といった数の違いも、非対称な場を作るひとつの要素

✦バランス感覚

✦距離感

●マジックミラーのように、片側からは向こうが見える鏡。

になっています。

このような「非対称」性は、配信者と視聴者との位置関係を明確にし、舞台と客席を作り出します。非対称であることによって、配信者は個性が強化され、視聴者は匿名性が強化されます。舞台に上がれば誰でも主役という特別な存在●になれます。個性の発揮が求められ、また認められる関係においてこそ、配信者は自分を確認し、存在の意味を確認できるのでしょう。

●主役というだけで自己肯定感は高まり、優越感を感じることもある。

画面の向こうに手を伸ばす

このような非対称な関係であっても、あるいは非対称であるからこそ、配信者は舞台の上から、視聴者は客席から、画面の向こう側に手を伸ばしたいと思うのは自然な気持ちではないでしょうか。対面での舞台公演やライブ▼にわざわざ足を運んでいくのは、演者やアーティストに会いに行き、思いを伝えるためでもあるでしょう。演者やアーティストにしても、舞台での公演やライブパフォーマンス

▼**舞台公演・ライブ**
第3章16【今週末も現場です！】「現場」（p.168）

は、観客の声や存在を直接感じるためでもあるでしょう。そこには同じ空間で同じ時間を過ごす一体感▼があります。観客席から舞台を見つめる大勢のうちの一人であっても、舞台やライブに参加することができるのです。

動画の〈生配信〉もライブ感を味わえるツールのひとつです。視聴者はチャットにコメントすることによって動画配信に参加することができます。配信者のいる舞台に手を伸ばし、運が良ければ（あるいは「投げ銭」によって）配信者からのリアクション●を受けることもできます。視聴者同士でもコメントを返したり、同じように感じたというコメントを被せたり、コメントの弾幕によって場を盛り上げたりとさまざまな方法で参加することができます。

また、配信者も視聴者のチャットに対してリアクションすることによって、客席である画面の向こうへと手を伸ばすことができます。視聴回数や高評価とは違って、生のコメントには質量があり、手ごたえがあります。〈生配信〉では、動画配信のもつ「匿名」性と「非対称」性がいくらか和らぎ、関わりはその質を取り戻すのかもしれません。

▼一体感
第2章11【傷と血と痛みによる美しき世界】
〔p.124〕

●チャットのコメントを配信者に読んでもらったり、お礼や感想を言ってもらうこと。

✦質量

✦手ごたえ

もともとは著名人、芸能人がコマーシャルのために始めたとされる動画の〈生配信〉ですが、今では、配信中のやりとりを楽しむ一般の配信者や視聴者が増えているといいます。いつもは視聴のみをされている方も、時には画面の向こうに手を伸ばして、配信者とつながってみてはいかがでしょうか。

27

お洋服のなかのわたし

ゴスロリ

服飾心理
自己表現
通過儀礼
社会的望ましさ

皆さんは、服を着ることをどのように捉えていますか？

ファッションを楽しんでいるタイプ？
流行を取り入れるタイプ？
ブランド物が好き？
恥ずかしくなく着られればなんでもいい？

動きやすさや洗濯のしやすさなどの機能性重視派？
はたまたおしゃれはちっともわからない？

おしゃれな人というのは、服の色柄やシルエットの組み合わせ、それに加えてアクセサリーや靴なども含めた小物や髪型、メイク、時には香りなどで、自分のイメージ▼をうまく演出している気がします。私たちの毎日には欠かせない「服を着る」という行為。何気ない行動ですが、時にはとても深い意味合いをもつことがあります。

▼**自分のイメージ／自己イメージ**
本章26【画面の向こうに手を伸ばす】〔p.262〕

服を着る、ということ

基本的に「服を着る」という行為は、環境や敵から身を守るために大切なことです。身体を保護し快適な状態にするのが衣服の役割です。

もう少し心理学的な観点から見てみましょう。

服を着るということは、それを見る相手にメッセージを送ること●にもなります。例えば制服やユニフォームを着用すると、それは学校に通っているというメッセージや、その職業に従事しているというメッセージとなります。私服であっても、その系統によって「チャラチャラしてみえる」「大人しそう」「派手そう」など着用者の印象がメッセージとして送られます。その年の流行のコーディネートをしていれば「流行に敏感な人」として、同じ系統の服を着たもの同士で仲間意識●をもつこともあれば、逆にちょっとした敵対心●をもつこともあるかもしれません。

このように、他者は服装から何らかの意味合いを読み取ります。着る側も、多かれ少なかれそれを見越したうえで服を選んでいます。

服は他者だけでなく、自分自身に対してもメッセージを送ることがあります。少し改まった服や新しい服

●意図しようがしまいが、何かしらのメッセージを相手は受け取ることになる。

●服装という類似点によって、親しみを感じやすくなる。

●自分も本当はそうありたいのになれない、という気持ちかもしれない。

を着るとき、またはお気に入りの服を着ているときに、なんとなく「改まった」気分や「楽しい」気分になったことがありませんか？　これは、服に対してあなた自身がもつイメージが、服を着ることによって想起され、着ている自分の心理状態に変化が出てくるのでしょう。

そもそも人は、着る服を選ぶときに、「きちっとみえるように」「望む体型に見えるように」などの「こうなりたい自分（理想的自己）」を多少なりともイメージして服を選びます。そのイメージと「今の自分（現実的自己）」のイメージとのあいだに、ちょうど服のイメージは位置することになりますが、この場合の「こうなりたい」というイメージは、一般的な望ましさ●に沿ったものが多いとされています。そのイメージに沿った服を着ると、自信や満足度がアップしたり、不安が低減したりという効果が得られますし、逆にいくらＴＰＯに沿っていたとしても、理想的自己概念から懸け離れた服であれば、恥ずかしさを感じたりします。

つまり、自分が「こうなりたいな」と思うイメージによって服を選んだとき、

◆理想的自己
◆現実的自己
●信頼感がある、清潔感がある、スタイルがよい、など。
◆自信や満足度がアップ
◆不安が低減
◆恥ずかしさ

その選ばれた服を着ることで、自分自身の心理面に多少なりとも良い影響が出る、という相互作用●が服と人のあいだでは起きているのです。

ゴスロリ、という服

さて、皆さんは《ゴスロリ》をご存じでしょうか。

一時期よりは、街で見かけることが少なくなってはいますが、フリフリとしたレースやひだを多用した、西洋のお人形さんやお姫様のような格好をしている女性を、みなさんも一度は見たことがあるのではと思います。

それは「ロリータ」と呼ばれるジャンルの服を着ている人かもしれません。映画『下妻物語』●を見たことがある方はロリータ服のイメージがしやすいでしょうし、今はもう雑誌からオンラインマガジンになりましたが『KERA（ケラ！）』という情報サイトを見ていただければ、雰囲気がよりわかりやすいかと思います。

●仕事やプライベートでここぞというときに着る「勝負服」などは、わかりやすい例。

●二〇〇四年公開、ロリータ少女とヤンキー少女の友情を描いた映画。原作：嶽本野ばら。

メディアなどではロリータやゴシック、ゴシック&ロリータと呼ばれる人たちやその周辺の皇子系、パンク系、時には原宿系なども含めた服装、文化を含めて《ゴスロリ》とまとめられることが多く、私もそれに倣うことがありますが、丁寧に見ればそれらは別々の服装になります。

ロリータを含む《ゴスロリ》は、一九八〇年代から日本のストリートで見られるようになり、九〇年代頃にはゴシック色の強い服が、二〇〇〇年代頃からはロリータ色の強いものやカラフルなものが、よく見られました。二〇〇九年には外務省が任命した「クールジャパン」を海外にアピールするための「カワイイ大使」の一人にロリータモデルの青木美沙子さんが選ばれたこともありました。

最近では《ゴスロリ》も、そのイメージと共に一般に浸透していき、一種のアイコンとして、アニメや漫画、ゲームなどのなかに現れるようになっています。その一方で、ファッションの世界においては、他のさまざまジャンルと混ざり合い、溶け込んでゆきました。

●黒を中心とした、貴族のような装いのこと。

▼第2章11【傷と血と痛みによる美しき世界】〔p.121〕

●世界から「クール」と捉えられる日本の食、アニメ、ポップカルチャーなどの魅力。

●ポップカルチャー発信使の通称。

なぜゴスロリを着るのか

頭の先から爪先までしっかりと固めたゴスロリさんは、えてして周囲から「一緒に歩きたくない」「恥ずかしい」「年相応の格好をして」「TPOを考えて」「引く」などと言われることが多いようです。

一方で当然、ゴスロリさん本人は《ゴスロリ》が好きで、着たくて着ているわけです。着ている人のなかにはゴスロリの服のことを「戦闘服」「まもり」「自分自身」と言い表す人もいます。

おそらくこういった認識の差は、理想的自己の方向性の違いから来るのではないかと思います。先に述べたように、一般的な服装では、理想的自己は、より社会的望ましさの高い方向に位置づけられます。しかし《ゴスロリ》着用者の理想的自己は「お人形さんみたいな」「かわいい」「美」「非日常▼」といった言葉で表現され、社会的に望ましいかどうか、に関係なく想定されているようなのです。

▼**非日常**
第3章16【今週末も現場です！】
第3章18【声を愛する】
ほか

《ゴスロリ》の話をしているとよく『コスプレ●とは違うんですか？』と尋ねられることがありますが、両者は別の試みです。コスプレには、モデルとなるキャラクターがいます。そのキャラクターを自分の服装や身体、言葉遣いや動作を用いていかに表現できるか、にチャレンジしているのがコスプレだと考えられます。一方「ゴスロリ」は、真似をするべき対象がはっきりとあるわけではありません。ファッションの一分野です。まるごと誰かを真似すると「コスロリ」と称されることすらあります。あくまで自分の好きなものを組み合わせ身に纏うのが《ゴスロリ》の中核と考えられます。

すなわち、現実的かどうか、他者から見てどうか、に関わらず自分自身のなかにある好きや〝こうなりたい〟イメージと向き合い突き詰めていった結果、それを形として服装のレベルで表現したのが《ゴスロリ》だと言えるでしょう。

●漫画・アニメ・ゲームなどのキャラクターに扮装すること。コスチュームプレイの略語。

ゴスロリを卒業するとき

ゴスロリさんはいつまで《ゴスロリ》の服を着るのでしょうか。いずれ、その服を着用しなくなるときが来ます。着ていた服をもう着なくなる、といった意味で「卒業」という言葉が使われます。同じ「卒業」でも、ゴスロリをもう着ないと決意した人、服を着なくても大丈夫だと感じた人、着られなくなった人……。いろいろな理由による「卒業」があります。

自分の純粋な理想と現実との狭間で、「卒業」がやってきます。それはあたかも、その人が〝大人〟になるための通過儀礼▼的な役割であるかのように感じます。

たかが服、されど服。――自分が何を好きなのか、自分はどう在りたいのか、を自分自身に問いかけながら服装を通して向き合う試みは、今後もジャンルを超え、その姿を変えて存在し続けるでしょう。もしかすると少し奇抜な格好をして

✦卒業

▼**通過儀礼**
本章28【異性を纏って境界を超える】

いるその人は、服装を通して自分と向き合っているのかもしれない。そう考えることでより一層、その人の今のあり方を辿ることができるのではないでしょうか。

参考文献

- 小林茂雄・藤田雅夫編著〔二〇一七年〕『装いの心理と行動――被服心理学へのいざない』アイ・ケイ・コーポレーション
- 鈴木公啓編著〔二〇二〇年〕『装いの心理学――整え飾るこころと行動』北大路書房

28 異性を纏って境界を超える

異性装

異界
両性具有
ジェンダー
多様性
通過儀礼

日本において、異性の服を身につける《異性装》の歴史は、『古事記』●のヤマトタケルノミコトが女装してクマソを退治する話にまで遡ります。その目的も、戦い、儀式、ジェンダー●の獲得とさまざまです。こうした異性装は、江戸時代まで非常に社会になじんだ存在でしたが、明治維新以降、同性愛や異性装をタブーとする西洋のキリスト教文化の影響で、抑圧されるようになりました。

戦後、《異性装》者はメディアで再びとりあげられるようになり、今ではファ

●七一二年に編纂された、日本最古の書物である歴史書。

●「なにが女性的で、なにが男性的か」を表す、社会的・文化的につくられた性別。

ッションのひとつにもなりつつあります。少し前までは、女装タレントを色物的な扱いで出演させていた番組がかなりあったように感じますが、二〇一〇年代以降、異性装へのまなざしはかなり変わってきたのではないかと思います。俳優やアイドルが企画などで女装・男装する姿を見て、「かわいい！」「カッコいい！」と反響があったり、動画配信者▼らが女装・男装をファッションのひとつとして楽しみ、視聴者からも、それらの動画を観て女装・男装にチャレンジする人たちが出てきたりするようになりました。

「性の多様性●」や「生物学的な性にとらわれない生き方」が浸透し始め、性別によって選択していくのではなく、「自分のしたい格好でいたい▼」という人たちが増えてきました。女装をしたいわけではないけれど女性もののコスメを使ってメイクをする男性や、男装ではないけれどメンズライクなファッションを摂り入れる女性など、表出されるジェンダーの境界線は薄まってきているように感じられます。それぞれが性別にとらわれず着たい服を着、生きたいように生きること

▼**動画配信**
本章26【画面の向こうに手を伸ばす】

●多様な性自認や性的指向・性的表現などがあるということ。

▼**自分のしたい格好**
本章27【お洋服のなかのわたし】

を選べる時代に移り変わる、私たちはその過渡期にいるのではないでしょうか。

ただ、《異性装》のように「性別を超える」ことを目的とした行為は、性が多様化されたなかでも、特別な意味をもつことなのではないかと思われます。ここでは、生物学的に男性の人が女性らしいと思われる服をまとうこと／生物学的に女性の人が男性らしいと思われる服をまとうことを「女装／男装」（総称して異性装）と定義して考察していきたいと思います。

異界体験としての異性装

《異性装》の目的や社会的機能は古今東西さまざまですが、今回は〈異界体験〉の視点から考えてみようと思います。「異界」とは、この世の理屈を超えた、異なった理(ことわり)をもつ世界のことで、異界体験とは、日常生活から空間的に移動した場所での体験や、私たちがより深層に開かれたとき、日常生きている世界がそれま

✦性別を超える

●「異性装」は表現のひとつであり、必ずしも性自認や性的指向と結びつくわけではない。

✦異界体験

▼岩宮〔二〇〇七年〕本論末

でとは異なった世界として目の前に現れてくる体験のことを言います。▼

異性装をした者はしばしば著しい意識変容状態をもたらすことがあり、異性装をすることによるジェンダー転換が、それまでの人格をいわば瓦解させ、異なる人格として再編成する●、世界の次元を変換させる、と述べる人もいます。▼また、東京で異性装をしている人たちを対象にした調査でも、女装をして町の中を歩いたことがある男性たちのかなりが「異次元の世界に行った」という実感を味わっていることも明らかにされています。

こころの深い部分が求めるような感覚で《異性装》を試みた人たちは、ひとたび異性装をした瞬間、自分がいる次元が大きく変わってしまい、かといって元の次元に戻れるわけではなく、新たな世界と折り合いを付けていこうとするなかで、人格の再編成をしていくのかもしれません。自身の体験を振り返ると、男装を試みることで一度自分のこころのなかにあるものが全部ひっくり返ってしまい、それによって崩れたものを一つひとつ積み直していく作業をしばらくやっていた感

▼森平〔二〇〇七年〕本論末

●カウンセリングをおこなうなかでも、クライエントの変化として起こり得る事象である。

▼渡辺〔一九八九年〕本論末

覚がありました。その間はずっと、「現実に居ながらも現実じゃない」「自分なんだけど自分じゃない」という感覚があり、気持ちが落ち着かない状態が続いていました。

ですがそれは、異性装という「両性具有的な力」を纏うことで、ジェンダーによって縛られていた自分を解放させるといった通過儀礼的なプロセスだったようにも感じています。いったん違う世界にこころを置くことで、人格の再編成をしていたのかもしれません。

異性装が揺さぶるもの

すべての人がこのような体験をするわけではないと思いますが、《異性装》がかつて「異様なもの」と捉えられていたことからも、私たちのなかにあるジェンダーを揺さぶってくるものであることは確かなようです。さらに異性装はそれを

●男性女性両方を兼ね具えていること。

▼**通過儀礼**
本章27【お洋服のなかのわたし】〔p.277〕

▼**人格の再編成／再構築**
第２章07【仮面の下は光か影か】〔p.091〕

●私たちのなかの固定観念として「ジェンダー」観が深く根づいていることに気づかされる。

「見る」側にも揺さぶりをかけてきます。

その揺さぶりに気づいたとき、みずからのジェンダーに対する感じ方・考え方を見つめなおすことになるかもしれません。このように、人のなかにある根源的なものにまで問いかけてくる力が《異性装》にはあるのではないでしょうか。

参考文献

- 岩宮恵子〔二〇〇七年〕『思春期をめぐる冒険——心理療法と村上春樹の世界』新潮社
- 森平准次〔二〇〇七年〕「異界の体験と心理療法」高崎商科大学紀要 22, 351-359.
- 渡辺恒夫〔一九八九年〕『トランス・ジェンダー——異世界へ越境する知』勁草書房

第5章 仲間と集まるのは、なぜ？

個人的な話で恐縮なのですが、二〇一五年頃、私は腐っていました。

もちろん物理的にではなく、精神的な意味で、です。さまざまな要因が重なってのことではありますが、大きな理由のひとつとして、さまざまな求人に応募しては「ますますのご活躍をお祈りしております」という、いわゆる不採用の「お祈り通知」を受け取る日々が何年も続き、非正規雇用から抜け出せずにいたというのがあります。

結局、漫画やアニメと心理臨床に関する研究なんて、誰の役にも立たないんだ……

「お祈り通知」と一緒に自分の業績リストが返送されてくるたびに、そんなふうに思い、当時の私は完全にふてくされていました。もっと社会の役に立つ研究をすれば良かったんだ……。神戸で開かれていたとある心理学の学会で他の人の発表を聞きながら、私はそんなことを考えていました。その日は残暑の陽差しがきつく、参加費を払ったから会場に来てはみたものの、完全なる不良会員と化していた私は、「午後はもう帰ろうかな……」と考えていました。日陰でプログラムをぱらぱらとめくっていたところ（当時はまだ紙媒体でした）、〈心理臨床とサブカルチャー〉という自主シンポジウムが目にとまりました。

深く考えず、なんとなく参加したその自主シンポジウムの話題提供で、自分の書いた論文が引用されていることに気づきました。自分の研究に自信を失っていた私の涙腺はそれだけでゆるゆるに緩んだのですが、なにより、自分と同じようなことを考えているカウンセラーがたくさんいることに、大きな喜びを感じました。それが、私とサブカルチャー臨床研究会の出会いです。そこから縁が縁を呼び、「さぶりんけん」は現在の体制に至っています。

ちょっとセンチメンタルな前置きになってしまいました。

この章では《サブカルチャー》と関連して、人が集まる心理、仲間をつくる意味といったテーマを扱っています。オンラインからオフラインの集まりまで、コロナ禍という二〇二三年現在の視点も絡めながら、考察がなされています。コロナ禍そのものとも重なるようですが、人と集まることの大切さとともに、人が集まったときに生まれる危険性にもふれられており、多面的に集団のこころについて理解を深めてもらえるのではないかと思います。

どれだけ「馴れ合わないぞ」と思っても、人はひとりでは生きていけません。とりわけ、「受け入れてもらえない、居場所がない」といった本人が望んでいない孤独は、冒頭で記述した私のように、人のこころを荒ませます。逆に言うと、受け入れてもらえた、居場所を見つけたときこそ、人のこころは安心し、穏やかになるのでしょう。

それが自分と関心を同じくするコミュニティであるなら、なおさら嬉しく、楽しくなるに違いありません。

インターネットが発達した現代では、同じものを好きな人とつながることは難しくありません。ツイッターやインスタグラムで「#〇〇好きさんとつながりたい」と検索をかければ、たくさんの同好の士と巡り合うことができます。

インターネット上のつながりというのはなかなか趣き深いもので、私の場合、すでに十年以上お互いをフォローしあっているのに、所在地も職業もおぼろげにしか分からない、年齢や本名など当然不明、といったフォロワーさんが複数います。そもそも最初につながったときの〈〇〇〉にはみんなとっくに飽きていて、おのおの別の好きな作品に興味が移っているにも関わらず、フォローを外すことなく、ゆるやかにつながり続けているのです。

その人たちとは、積極的にやりとりするわけではありません。ただ、たとえば地震があれば「揺れたね」「大丈夫ですか」などと確認し合ったり、「コロナ陽性だった……」というつぶやきがあれば「お大事に」「ゆっくり休んでね」といった声かけをします。

あるとき、そのうちの一人とたまたま（以前とは別の）同じ作品にハマり、一緒に映画を観に行くことになったのですが、十年以上も文字だけでやりとりしていたからでしょうか、顔を見た瞬間にお互い「イメージどおり！」と、笑ってしまいました。同時に、たった一回でも実際に会うことで、相手のことをずっと身近に感じられたのも印象的でした。

《メタモルフォーゼの縁側》という人気漫画があります。七十五歳の老婦人・雪と十七歳の女子高生・うららがＢＬ漫画を通じて交流していく物語で、二〇二二年、宮本信子さんと芦田愛菜さんで映画化もされました。映画でうららとＢＬ漫画について語り合ったときの雪さんの表情が、今でも目に焼き付いています。

ずっと誰かと漫画のお話したかったの！

いくつになっても、誰かと好きなものや興味のあるものを共有したい、仲間と集まりたいという気持ちは薄れることがないのかもしれない、そんなことを感じるワンシーンでした。さぶりんけんとも、またSNS上の相互フォロワーさんとも、末永くお付き合いしていきたいものです。

29 伝える・伝わる・こころ通わす

オンライン・コミュニティ

コミュニケーション
対面・非対面
想像力
共有

◆他者とかかわるコミュニティ

今や私たちの生活になくてはならない存在のひとつとなったインターネットですが、ワールドワイド・ウェブ上では新たな技術やサービスが次々と現れ、その進歩の速さには目が回りそうです。それでも私たちがさまざまな携帯通信端末を乗り換えながら繰り返し利用してきたのは、人と人とのつながりを維持し、他者とかかわるコミュニティとしての機能を求めてのことだったように思います。

オンライン・コミュニティとは？

《オンライン・コミュニティ》は「非対面でのコミュニケーションの場」と位置づけられます。文章や音声、動画など、データ化して伝えることのできる情報だけをネットワークに乗せて送るため、どうしてもうまく伝えることのできない情報が出てきます。たとえば味や匂い、肌の温もりなど。そういった、私たちが生を感じるのに不可欠な多くの要素は、オンラインではどうしても、そのままのかたちで伝えることは困難です。

ですが私たちには、これまでのさまざまな人との関わりによって培われた「想像力●▼」があります。データに載せて運ばれたメッセージの一つひとつを、圧縮ファイルを解凍するかのように読み解き、体験そのものとして蘇らせる――《オンライン・コミュニティ》登場以前にも、私たちは「文通」や「深夜の長電話」で思いを伝えあい、離れた場所にいる相手とこころを通わせてきました。

●想像力の豊かさには個人差があるが、豊か過ぎても乏しすぎても「生きづらさ」につながる。

▼**想像力**　第2章15【現実と空想のあいだに遊ぶ】

オンライン・コミュニティの歴史

日本における《オンライン・コミュニティ》の黎明期●は、Eメールやチャット、電子掲示板（BBS）といった「文字」のやりとりを主体としたサービスが中心であり、それらは概して、専門的知識をもった一部の好事家が利用するものでした。

一九九五年にMicrosoft社のWindows95が発売されてからは、グラフィカルで直観的に操作できるユーザーインタフェース●と性能向上を受けて、オンライン・コミュニティへのアクセス環境が一気に普及してゆきます。新しい文化への好奇心豊かな若者世代を中心に、インターネットの利用者は劇的に増加し、個人ホームページや、テキストメッセンジャーアプリ、入力可能な文字を組み合わせたアスキーアート●、MADビデオ●と呼ばれるアニメーションの再編集動画、Macromedia●社のフラッシュ▼というツールを活用した自作動画やゲームなどが生まれ、オンライン・コミュニティは、独特の世代的な一体感を醸成してゆきます。

●一九八〇年代後半から一九九〇年代にかけて。

●UIとも。見た目や使いやすさのこと。

●通称AA――二〇〇〇年代前半に「電子掲示板」などで流行した。

●既存の音声・ゲーム・画像・動画などを、個人が編集・合成し再構成したもの。

●現Adobe。

▼**フラッシュ**
第4章26【画面の向こうに手を伸ばす】[p.260]

一九九七年には「2ちゃんねる」の原型となる匿名掲示板群「あめぞう」が開設され、二〇〇〇年代にかけて「パソコンによるインターネット全盛期」ともいうべき独自のネット文化を擁する時代を形成してゆきました。

それに並行するかたちで、もうひとつの流れが生まれていきます。一九九〇年代にはポケベル●が女子高生を中心に大ヒットし、その後一九九九年のNTTドコモによるiモードのサービス開始を契機として、「いつでも、どこでも、だれとでも」つながる《オンライン・コミュニティ》が育ってゆきます。

パソコンやインターネット常時接続環境の普及もあり、コミュニティを利用する人たちの幅もさらに広がります。二〇〇四年には、実名かつ招待制が原則のSNS「mixi」が開設され、《オンライン・コミュニティ》は多くの人たちにとって日常的なコミュニケーションの場となってゆきました。

その後、二〇〇八年に国内発売されたiPhoneの登場を契機とし、「どこにいても、どの端末からも同じことができる」というクラウド型のサービス形態が普及

●ポケットベルの略。携帯受信端末の一種。

していきます。そして、二〇二〇年以降、新型コロナウイルス感染症の脅威から世界を救ったのは、Zoomを始めとする情報通信技術に支えられた《オンライン・コミュニティ》でした。

●オンラインにミーティングルームを開設し、Web会議をおこなえるサービス。

オンライン・コミュニティが目指すもの

《オンライン・コミュニティ》は、科学技術と、その利用者層、そして人びとが求めるコミュニケーションの形という三者が噛み合ったとき、多くの人に活用され、長く愛されるようです。私たちがオンライン・コミュニティに求めたものは、求める情報や体験が得られること、体験を共有しあえること、仲間を見つけること、そのためのコミュニケーションの社会インフラ化とコストの低減でした。

▼**共有／シェア** 第1章05【スマホのなかの英雄たち】ほか

二〇二三年の現在、それらは着実に実現されています。

社会インフラとなったオンラインでのコミュニケーションでは、「得たい体験だけを得る」ことも可能です。それは、蛇口をひねると水が（きちんと消毒された真水が）ほしいだけ出せるのと、どこか似ています。

それと対比すると、リアルのコミュニケーションという体験は、キャンプで川に水を汲みに行くようなものかもしれません。そこにある美しい景色や、川のせせらぎ、空気の匂い、それはそれで素晴らしい体験ではあるのですが、毎日川に水を汲みに行くのはちょっと……と感じる人も多いのではないでしょうか。そのくらい私たちは、蛇口から出る真水、すなわちオンラインでのコミュニケーションに慣れ、もはや、それらがなかった時代には戻れないのです。

◆なかった時代には戻れない

しかしながら、真水を求めたり、川を懐かしんだりすることに、善悪や是非はありません。手紙、電話、そしてインターネット。私たちがさまざまな通信手段を通じて通わせてきたのは〝こころ〟であり、「対面のコミュニケーション」もその方法のひとつに過ぎなかった、と考えられるのではないでしょうか。

30 たとえ燃えても、つながりたい

炎上
コミュニケーション
非対称性
フィードバック
正当化

SNSをよく利用される方なら、インターネット上で「炎上」と呼ばれる現象を目にする機会は、決して珍しいことではないでしょう。ある人や組織の言動が多くの注目を集め、当事者や当事者との関連が予想された人や組織に、批判的なコメントが次々と殺到する。その対応に追われ、日常的な活動の維持が難しくなってしまう状態が、実際の火災の延焼になぞらえ「炎上」と呼ばれています。

炎上のきっかけは、誹謗中傷、他者への配慮に欠ける言動、多様性▼の否定など、

✦誹謗中傷
✦配慮に欠ける言動
▼**多様性**
第1章05【スマホのなかの英雄たち】ほか

発信者側の過失●として捉えることのできる場合もありますが、時には議論の範疇というべき批判や、建設的な意見、事実の指摘といった正当性のある内容であっても、炎上に巻き込まれることもあります。どうして、このようなことが起きてしまうのでしょうか。

●インターネット上では言動が「残る」ため、よりその過失が広まりやすい。

明確な目的のないアクセス

みなさんは、気がつくとツイッターやTikTok、YouTubeといったソーシャルサイトを覗いている……そんな経験はおありでしょうか。インターネットは、アクションのための敷居がきわめて低いコミュニケーションツールであり、私たちが「関わりたい」という明確な意思をもっているときには、目的を果たす助けになってくれるのですが、明確な目的がないときには、つい、だらだらとアクセスしてしまうことが起こります。「なにか面白いものはないかな」と文章や動画を探したりするとき、私たちは特定の目的ではなく「ここに来た理由●」を求めていて、耳目を集めるようなトピックがあると、むしろ積極的に飛びついてしまうのです。

ソーシャルサイトにおいて発信者は、コメントなどの直接的な反応がなければ受信者とのつながりを実感しづらい一方で、受信者は、画面越しに送信者から直接情報を受け取った時点で、同時に多数の人がアクセスしているにもかかわらず、「あなた」と「わたし」という二者体験▼の感覚が生じています。となると、受け取ったメッセージに何かを返したくなることも、自然なこころのはたらきとして起こってくることもあるでしょう。その強度が一定の閾値を超えたとき、多くの人から一気にフィードバックが返ってくるという現象が起こります。

相手が自分を称賛し存在を肯定するフィードバック▼が多数寄せられている場合には、個別に対応しなくても大きな問題とはなりません。これらは「バズる」と呼ばれ、インターネットで情報発信する者のステイタスのひとつとなります。

●なにか面白いことに出会えれば、だらだらとアクセスし続けた時間を正当化できる。

▼**二者体験／二者関係**
第1章02【言葉がもたらす希望と呪い】〔p.034〕

▼**フィードバック**
第4章25【描いて読んで、育て合う】〔p.254〕

炎上が起きるとき

しかし、発信者をただしたい、誤りを認めさせたい、謝ってほしいというように、受信者が相手の変容を求めるほどの強い感情を抱いたとき、その不均衡は暴力的な力を帯びることとなります。多くの人が発信者に向かって「それは違う」と声を上げる。その様子を見た賛同者は「同じように感じているのは自分だけじゃない」と感じ、「悪をただす正義」として行動が正当化されていく。その結果〈炎上〉は拡大し、より過激な行動に出る者が現れてきます。

もし、私が対面で友人に『バカ』と言ったら……友人が何も言い返さなかったとしても、その表情やほんの少しの仕草から、私の言葉がもたらした影響は即座にフィードバックされます。でも、非言語の情報が欠落しがちなインターネットでは、相手が自分の発信をどう受け止めたか、どれだけ苦しんでいるかの想像がつきにくい。これはすべ

✦謝ってほしい

●強い感情がなぜ生まれたのか？　カウンセリングでは、それを一緒に考えることができる。

✦正義

てのユーザーに言えることで、最初に発信する側も「完全」な事前の配慮は難しく、反応を返す側も、自分たちが今や多数派で、その圧倒的な多数性という不均衡が相手に与えている影響に気づきにくいのです。

また、あまり認識されていないことですが、多くの〈炎上〉には「火をつける人」が存在します。多くの人が利用するコミュニティに情報をリンクさせ、「赦せない」など、感情の方向性を指し示すような煽り文句をつけて紹介する人のことです。ページビューが収入源となる「まとめサイト」や、個人的な怨恨など、その理由はさまざまですが、彼らは決して前に出ず、また直接の責任も負わず、〈炎上〉させることで自身の目的を果たします。

一方で「火をつける人」が〈炎上〉に対し、戸惑いや自責の念を抱えていることもあります。ある人は、自身のツイートが著名人の炎上のきっかけを作ってしまった、とカウンセリングの場で語りました。自分が正義だと信じてつぶやいた言葉が思わぬ反響を呼び、最初は共感のリツイートや「いいね」が嬉しくてたま

✦火をつける人

●他人を深くうらむ気持ち。

✦戸惑い

●「悪いことをしてしまった」と自分を責める気持ち。

◆恐怖
◆後悔

らなかったそうです。しかし、次第に自分の手を離れ、果てしなく燃え広がる炎上の様子に恐怖と後悔が募り、また自分の意見に異を唱える人も少しずつ現れ始めたため、怖くなったその人は、結局は自分のアカウントを消してしまった、とのことでした。

このように見ていくと、〈炎上〉には行き過ぎた正義感の他にも、火をつけた当人の意図をも超えた、人びとを惹きつけてやまない何かがあるのではないかと考えられます。

炎上でつながる

インターネットは、私たちの他者とつながりたい思いに応えてくれるメディアですが、複雑な感情を内包するメッセージを曖昧なままに伝達しあうことが苦手です。二〇〇六年に開設され、今や世界標準ともいえるＳＮＳとなったツイッターの開発者の一人であるクリス・ウェザレル氏は、リツイート●機能が攻撃◆や憎悪◆を煽るために多く利用されてきたことの後悔と、システム的な工夫の必要性について二〇一九年に語っています▼。日本における「侮辱罪」の厳罰化も、こうした意識の高まりを反映していると考えられます。

これから、SNSはより洗練され、安全で穏やかなコミュニケーションの枠組づくりがなされてゆくことでしょう。

実際にアメリカやカナダでは、「Gas（ガス）●」というお互いに匿名で賛辞を送れる十代向けのSNSが注目されています。これはGassing someone upの略で、褒め言葉で誰かの自尊心を満たすことを意味しています。英語でもFlamingという言葉は、ネット上での攻撃や非難という意味で用いられますが、Gasでは、褒められた側の画面に炎のイラストが表示される仕様で、日本の〈炎上〉とも対照的です。

日本においても、ネガティブな内容をAIが削除する匿名質問箱「マシュマ

●他者のツイートを再びツイートすることで、自分のフォロワーと共有する。
◆攻撃
◆憎悪
▼BuzzFeed（二〇一九年）本論末
●二〇二二年、Metaの元社員ニキータ・ビアーらが創業。二〇二三年、Discordにより買収。

ロ●」など、やさしくあたたかなコミュニケーションを目指すツールは数多く開発されつつあり、活況を呈しています。しかし、そうした網の目をかいくぐってまで、あえて挑発的な意見を相手にぶつける人も存在し（焼きマシュマロ、と呼ばれます）、そこから〈炎上〉へと発展することもあります。

●ツイッターと連携させて使用する。

◆激しい感情

「火事と喧嘩は江戸の華」とかつて呼ばれたように、歯に衣着せぬ激しい感情のぶつかり合いもまた、インターネットの名物として存在し続けるのではないでしょうか。優しさも激しさも、どちらも人との深いこころのつながりであるため、私たちはそれらを求めずにはいられないのかもしれません。

参考文献

＊BuzzFeed News〔二〇一九年〕「リツイート機能の生みの親、後悔を語る」Alex Kantrowitz　https://www.buzzfeed.com/jp/alexkantrowitz/how-the-retweet-ruined-the-internet-1〔二〇二三年一月二十四日最終閲覧〕

31 シナリオを生きる人びと

TRPG
ロールプレイ
リアリティ
物語
プレイセラピー
没入体験

ＴＲＰＧという言葉を聞いたことがありますか？　ＲＰＧならご存じの方も多いはず。テレビゲームでよくある「勇者が冒険をしながら成長して魔王を倒す」というあれです。そのＲＰＧにＴがついたもの、それがＴＲＰＧです。

RPG？ TRPG？

TRPGというのは、テーブルトーク・ロールプレイングゲームを略したものです。RPGは「役割を演じるゲーム」で、プレイヤーはゲームのなかのキャラクターを演じて、架空の世界での生活や冒険を体験します。そんなRPGに「テーブルトーク」がついたTRPGは、数人のプレイヤーがテーブルを囲み、会話をすることによって進行していくRPGとなります。

〈RPG〉というと、パソコンやスマートフォン、家庭用ゲーム機などの電子媒体を用いたデジタルゲームを思い浮かべる方が多いかもしれませんね。もともとは《TRPG》が先にありました。一九七〇年代にアメリカでTRPGが生まれ、日本に輸入された際に、TRPGをより手軽にパソコンゲームで再現することを目的に作られたのがRPGです。いつからか、デジタルの方が盛んに遊ばれるようになり、デジタルのRPGがよく知られるようになった、という歴史があ

▼第1章05【スマホのなかの英雄たち】（p.057）

●私たちはある意味、日常生活においても何かしらの「役割」を演じて生きているとも言える。

●ドラゴンクエストやファイナルファンタジー、ポケットモンスターなど。

ります。

アメリカで生まれた《ＴＲＰＧ》ですが、ほぼ同じ時期に日本にも輸入され、現在に至るまで遊ばれ続けています。おのおののゲームによって、冒険する世界の設定や、細かいルールが異なっていて、剣と魔法の世界で冒険をするファンタジーから、宇宙を舞台にしたＳＦ、ホラーを題材としたものまで、多様なＴＲＰＧが作られ、楽しまれています。

ＴＲＰＧの実際

実際の《ＴＲＰＧ》は、物語の語り手と審判役を兼ねたゲームマスター（ＧＭ）とプレイヤーとに分かれてプレイします。プレイヤーはみずからの分身となるキャラクターを作成し、ＧＭの用意した物語のなかでその役を演じます。ＧＭは「シ

◆物語

ナリオ」と呼ばれる物語のだいたいの大筋を把握していて、プレイ中はキャラクターの置かれた場面や状況を説明して聞かせます。それに対してプレイヤーは、キャラクターがどのように振舞うかをGMに伝え、セリフを話すなどして役を演じます。そのような振る舞いに対してGMは、結果がどうなったかをサイコロなどで判定し、状況の変化をプレイヤーに伝えます。そのようなやりとりを繰り返しながら物語が進んでいくのです。例えば以下のようにゲームが進みます。

◆役を演じる

●**GM**「ようやく街についた君たちは、宿を探して大通りを歩いている。日が落ちかけているせいか、人通りは少ない。ふと、少し先の路地を見ると、慌てたように通りに駆け出て来る人影があった。背丈からして子どものようだ。少し後から、それを追いかけるように三人の男たちが飛び出してきた。どうする？」

●**プレイヤー1**「『見過ごすことはできない』と叫んで走りだそうとします」

●**プレイヤー2**「ちょっと待って。どっちが悪いのかわからないじゃない。様子を見ようよ」

●プレイヤー3「そうだね。面倒はできるだけ起こしたくないし。きょろきょろしながらさりげなくあいだに入って邪魔することはできないかな？」

●GM「そうする？　OK。あいだに入った君たちは、うまく男たちの邪魔をできたようだ。『どけ！』と怒鳴っているよ」

●プレイヤー1「どきません。『なんだ？』と、ちょっと威圧的に睨みつけます」

●GM「男たちは少したじろいだけど、『おまえこそなんだ！』と怒鳴り返してくる。明らかに君たちに注意が向いているね。その隙に子どもは、別の路地に入って逃げてしまったようだ……」

このようなやり取りを繰り返しながら物語を進めていきます。GMは物語の進行を左右する神のような存在なのですが、キャラクターの運命はGMの独断で決められるのではなく、キャラクターの能力や、想定している行動の難しさをもとにサイコロを振って決めます。プレイヤーだけでなく、ＧＭも運命に逆らえない部分があり、単なるご都合主義の物語で終わらないリアルさと緊張感を生み出しています。

◆運命に逆らえない
◆リアルさ
◆緊張感

自由度の高さ

《ＴＲＰＧ》の魅力は何より、その自由度の高さです。何をやってもよく、行動の選択肢はリアルと同様、あるいはそれ以上に自由です。現実のしがらみから解放されたフィクションの世界にいるため、普段できないことだってやっていいのです。先にあげた例の場面でも、男たちに加勢して子どもを捕らえることもできますし、両者ともに叩きのめして去ることだってできます。このような無限の自由さがＴＲＰＧの魅力のひとつになっています。

◆自由度の高さ

自由度が高いと、どうなるのでしょうか。自由であることによって、演じられる幅が広がり、そのことが、分身となるキャラクターへの没入感▼を劇的に高めます。夢のなかでそうであるように想像のなかでは何でもでき、そのことがリアルに近い体験を生み出します。また、行動にはリアクションが伴います。行動は無限の選択肢のなかから選ばれるため、それに対するリアクションもまた無限である必要があります。

《TRPG》では、プレイヤーの行動にリアクションするGMもまた人であることが、そのことを可能にしています。人が応答することによる確かな手ごたえと、リアルに近い行動に対するリアクションもまたリアルであることが、キャラクターへの没入感を高めます。デジタルの〈RPG〉はどちらかというと、主人公であるキャラクターの物語を追体験するといった第三者の視点になりやすいのですが、TRPGは、キャラクターになりきることで、別世界で別の人生を楽しむという、主体的な体験が起こりやすい仕掛けになっています。別世界にフルダイブできるほどにバーチャルリアリティ▼の技術が発展するまでは、人がもつ想像

▼**没入感／没入体験**
第1章03【眠らない夜の居場所】[p.049]ほか

◆追体験

◆主体的な体験

▼**バーチャルリアリティ／仮想現実**
第4章23【知らない誰かが認めてくれる】[p.237]

力▼を最大限に活用したTRPGが、最もリアルな異世界ライフを体験できるツールであり続けるのでしょう。

物語をつくる

GMを含む全員が協力してひとつの物語を作り上げていく楽しみも、《TRPG》の魅力です。TRPGには厳密な意味での勝敗が存在しません。物語のなかでの目的や目標はあるものの、それを達成できなかったからといって、必ずしも敗北とは言えません。たとえ物語の結末が悲劇的であっても、物語を作り上げていく過程を楽しめれば、それは勝利であるといえます。結果ではなく過程を楽しむという、〝遊び▼〟本来の目的と、協力して成し遂げるという体験、自由に表現し創造するといったクリエイティブ▼な刺激と達成感、それらが凝縮したストーリーテリングの要素が、TRPGのもうひとつの魅力といえます。

▼**想像力**
第2章15【現実と空想のあいだに遊ぶ】
本章29【伝える・伝わる・こころ通わす】ほか

▼**遊び**
第1章03【眠らない夜の居場所】ほか

▼**クリエイティブ／創造性**
第4章24【女性が紡ぐ、もしもの世界】ほか

一方で、神や運命の象徴であるGMは、プレイヤーが時に抗い、立ち向かう相手という側面ももっています。GMは物語の世界に生きるキャラクター以外の全てのキャラクターであるノンプレイヤーキャラクター（NPC）全員を演じることになるため、多くの物語に登場する悪役も、GMが演じることになります。役に入りきることで、GMもいつしか本気になってプレイヤーと争うことも少なくありません。GMは、自由に振舞うプレイヤーを見守りながら、時にプレイヤーとともに戦う仲間に、時に物語の最後に挑む強敵にと、さまざまな役割を演じます。プレイヤーだけではなく、語り手としてのGMも、物語の登場人物になってひとつの物語を作り上げていくのです。

自由であることと、こころ

「自由であること」は私たちにとってどのような意味があるのでしょうか。私たちの普段のカウンセリングでは多くの場合、相談に訪れる方に、思ったことや感じたこと、考えたことを自由に話してもらいます。人は本来、何を感じようが考えようが自由です。しかし、現実を生きていく上では、表に出せなかったり、自分でも認めたくない感情●もあったりします。そのような気持ちを話してもらうことで、少しこころが自由になります。こころが自由になると、新しい〝語り●〟が生み出され、よりよく生きていく知恵が見つかるのです。

　しかし一方で、自由であることは恐ろしいことでもあります。普段、表に出せない感情なのですから無理もありません。自由であるためには、自由であることを受け入れてくれる相手と一定のルール●に守られる必要があります。たとえば子どもを対象にカウンセリングする場合に、プレイセラピー▼という方法があります。普段、感じている気持ちを遊ぶこと、自由に振舞うことで表現し、こころの自由と調和を得ていくのです。プレイセラピーのなかで私たちは、子どもが自由に遊ぶ様子を少し後ろから見守りながら、時にはごっこ遊びの登場人物や対戦相手に

●認めたくない感情は、無意識のうちに抑圧していることもある。

●カウンセリングにおいても、「新しい語り」が生み出されることは大事な転換点である。

●カウンセリングにおいては、場所・時間・料金などの「枠」が設定されている。

▼**プレイセラピー**
本章33【ここに居ること、そこに在ること】[p.335]

✦こころの自由と調和

なり、時には一緒に何かを体験したり作ったりもします。その場その場で子どもにとって最適な役割を演じながら、子どもができるだけ自由に自分の気持ちを表現できるような環境を作るのです。

前置きが長くなりましたが、《TRPG》はカウンセリングやプレイセラピーと似ている面があります。プレイヤーが自由に振舞い、GMがそれに応じる。プレイヤーは架空の世界で、リアルでは出来ないようなことを体験します。現実の自分とはまったく違うキャラクターを作り、普段の生活のなかで抑えられ生きられなかった半身●を生きることだって出来ます。GMはプレイヤーが自由に振舞えるよう、さまざまな役割を担い、演じ、プレイヤーの行動を受け入れます。どんな行動もGMが受け入れ、物語に落としこんでくれる。そんな安心感のなかにあって創造性が発揮され、プレイヤーの物語がGMとともに作られていくのです。

自由な表現が安全に確保されるためには、それを見守る他者●と、フィクション

●「本当はああしたかった、ああなりたかった」という思いは、誰もが持っているものである。

◆安心感

●カウンセリングにおいては、カウンセラーがその役割を担っている。

という枠組が必要です。《ＴＲＰＧ》は、想像のなかでリアルと同じように自由に振舞うことができ、生き生きとした体験を関わりのなかで安全にもつことができる。このことが、今なお根強い人気がある理由のひとつなのかもしれません。

32 すぐそばにある嘘と裏切り

人狼ゲーム

嘘
裏切り
恐怖
ペルソナ
カタルシス

「また恐ろしい夜がやってきてしまいました……」

ひと昔前に開催された「人狼ゲームの会」のポスターでのキャッチコピーです。

このコピーからは、怖さだけでなく、どこか興味が惹かれるような何かを感じませんか？　怖いのにどこか魅力的……。人が「怖いもの」に惹かれるのって、どうしてでしょうか。

✦怖いのにどこか魅力的

狼の化け物を探せ！

《人狼ゲーム》は、人間に化けて「村人」のなかに紛れ込んだ狼の化物を、話し合いによって見つけ出し処刑することを目指すゲームです。放っておくと〈人狼〉は夜が来るたびに「村人」を一人ずつ食い殺してしまいますから、早く見つけ出して処刑しないといけません。〈人狼〉に「村人」全員が食い殺されるか、「村人」が〈人狼〉を処刑して村を守るか……。ホラー映画▼に入り込んだような体験を楽しめる、ちょっと怖くて刺激的なゲーム。それが人狼ゲームです。

《人狼ゲーム》では、数人のプレイヤーが集まり、「村人」チームと〈人狼〉チームに分かれて勝利を目指します。〈人狼〉は正体を隠して「村人」のなかに混ざり、「村人」のふりをします。〈人狼〉は正体を隠すために嘘をつき、他のプレイヤーを裏切ることを前提にゲームが進みます。

このような「このなかに裏切り者がいる！」といったシチュエーションでのゲームは、《人狼ゲーム》に始まり、今ではさまざまなボードゲーム、カードゲー

▼**ホラー映画**
第2章14【怖い話はお好きですか？】

ム、アプリゲームに摂り込まれています。このようなゲームは「正体隠匿系ゲーム」と呼ばれ、日本では同人ゲーム●を中心に、たくさんの作品が作られています。《人狼ゲーム》のやり方を簡単に説明すると、まず集まったプレイヤーはカードを引くなどして、自分が「村人」であるか〈人狼〉であるかを決めます。ほとんどが「村人」なのですが、そのなかの一人〜数人●は〈人狼〉になります。

「村人」チームは、協力しながら全ての人狼を処刑することを目指します。〈人狼〉チームは正体がばれないように一人ずつ村人を殺していき、〈人狼〉と「村人」の数が同じになるまで処刑されずに生き残ることを目指します。また、人狼ゲームには、「村人」や〈人狼〉になるプレイヤー以外に「マスター」と呼ばれる審判役が一人いて、「マスター」と〈人狼〉はゲーム開始時からあらかじめ、誰が〈人狼〉なのかを知っています。

ゲームは昼と夜の二部制で、これらを繰り返しながら決着がつくまで続けられます。昼は村で会議がもたれる時間です。数分の制限時間を定めて自由に議論し、誰が〈人狼〉であるかを推理します。そして制限時間が来たら多数決に

●個人や同じ趣味の同人グループで作成されたアマチュアゲーム。

●全体の人数によって決まる。

より誰か一人を処刑します。一方で「夜」は〈人狼〉が密かに活動する時間です。全員が寝ている（目を閉じている）あいだに〈人狼〉は、その夜に襲撃する「村人」を一人決めて、こっそり「マスター」に伝えます。朝になって全員が目を覚ますと「村人」一人が殺されており、「マスター」が殺されていたのが誰かを伝え、再び昼の会議が始まります。昼の会議で処刑された人、夜に〈人狼〉に襲撃された人はゲームから脱落し、一切の発言を禁じられます。このようにして〈人狼〉がすべて処刑されるか（村人チームの勝利）、〈人狼〉の数と「村人」の数と同じになるまで「村人」が殺されるか（人狼チームの勝利）、そこまでゲームが続きます。

また、「村人」チームのなかにはさまざまな職業をもつ人がいて、彼らが得た情報が議論の際に役に立ちます。例えば「占い師」という職業を与えられた「村人」は、夜に誰か一人を占って〈人狼〉かどうかを知ることができます（「マスター」に占う人を指示し、結果をこっそり教えてもらいます）。占いの結果をもとに、昼の議論で『あの人を占ったら人狼だった！』と宣言することはできますが、信じてもらえるかどうかはわかりません。〈人狼〉が『自分こそが占い師だ』と嘘をついて、誤って「村人」を処刑させるように仕向けることがあるからです。

このように、ただ「誰が怪しい」という感覚だけでなく、ある程度の発言の内容や文脈から推理ができるような仕掛けになっています。また、これは同時に、嘘をつくという行為を促進させる要素にもなっているのです。

◆文脈から推理

なぜ、人狼ゲームが遊ばれるのか

ここまで読んで頂いた方のなかには、「面白そう！」と思われた方もいるでしょうし、「なんでこんな物騒なゲームが？」と訝しく思われる方もいるのではないでしょうか。そのとおり……こんな物騒なゲームが現代まで遊び継がれてきている。そこに、人の「恐怖を求めるこころ」や、「嘘や裏切り」といった裏側、「闇に惹かれるこころ」との関わりが考えられないでしょうか。

《人狼ゲーム》は、ドイツや東欧州で遊ばれていた伝統的な遊びが元だと言われています。一九八〇年代にそれを土台としたゲームがロシアで作られ、世界中

◆嘘や裏切り
◆闇に惹かれるこころ

に広まっていきました。さまざまな地方で語り継がれている童話や遊びのなかにどこか残酷な表現がみられるように、当時の情勢や人のこころに潜む闇が、遊びのなかに取り込まれている、と考えることもできるでしょうか。

ちょっと怖くて残酷な人狼ゲームが人びとに受け入れられ、遊び継がれているのはなぜなのかを、人のこころとの関係から考えてみましょう。

怖いものに惹かれる

怖いはずなのになぜかこころ惹かれる、人気のあるものがあります。絶叫マシンやバンジージャンプといった体験型アトラクションや、ホラーものの小説や漫画、映画、ゲームなどです。人体にとっては危機でもある、ストレスにもなりそうな「怖い」状況をなぜ人は求めるのでしょうか？

人は「恐怖」を感じると緊張状態になり、緊張は「闘争・逃走」反応をもたらします。危機的な状態に対して闘うか逃げるかどちらかの行動がとれるように体

●グリム童話などが有名。

●ストレスの元となるもののことを「ストレッサー」という。

●脈拍や呼吸の上昇の他に、体が震える、汗をかくなどの身体症状が起こる。

が準備され、脈拍や呼吸が上昇します。この際、アドレナリン●などの脳内物質が分泌され、そのことが興奮状態・高揚感につながるとされています。また、「鎮静」作用のあるエンドルフィン●は、快楽をもたらす脳内物質でもあり、恐怖によって放出が促されます。また、「恐怖」の座と考えられている扁桃体は同時に「快楽」の座とも言われています。このように脳の仕組みからも、適度な恐怖刺激は軽い興奮状態や高揚感、快感を引き起こすとされています。

絶叫マシンにしてもホラー系の映画やゲームにしても、同時にストレスを感じる物質も分泌されるようですから、苦手な人が多いのも頷けます。ただ、安全が保障された状況や、弱すぎず強すぎない刺激の強さで感じる「恐怖」は、人のこころに幸福感や快感をもたらすと考えられています。

●戦うためのホルモンと言われ、体のパフォーマンスが高めるはたらきがある。

✦興奮状態・高揚感

●体内において「痛みやストレスを軽減する」といった、モルヒネと同様の働きをする。

✦快楽

✦幸福感

人の本性と嘘

フィクション作品のジャンルのひとつに〈デスゲームもの〉というのがありま

す。何らかの理由で或る場所に集められた人たちが、命のやりとりや破滅するほどの大金を奪い合うゲームをする様子が描かれた作品です。日本では一九九〇年代頃からこのジャンルの作品が作られ始め、例えば中学生同士が殺し合う『バトル・ロワイアル』●が国会でも議論になるなど、衝撃的な内容から、受け入れられるのに時間はかかりましたが、現在では小説やアニメ、映画、ゲームなどさまざまな作品に採り入れられています。《人狼ゲーム》が注目され遊ばれるようになった背景には〈デスゲームもの〉の流行も無関係ではなさそうです。

〈デスゲームもの〉ではたびたび「人間の本性」が描かれます。極限状態に置かれた人間が陥る心理や本能的な行動など、日ごろ被っている仮面▼が剥がれ落ち、その裏側が露呈されたときに見られる人間の本性や「醜さ」「変貌」が物語のなかに描かれるのです。仮面の嘘に隠された本性が暴かれる瞬間を見たとき、背筋が寒くなるような恐ろしさを感じます。しかし同時に、どこかカタルシス▼に似た何かを感じはしないでしょうか。それは単に恐怖という刺激に対する危機反応や、それに伴う高揚感といった生理的な反応だけではなく、こころが感じているもの

●二〇〇〇年に公開された、高見広春の小説が原作の映画。藤原竜也主演。

▼**仮面／ペルソナ**
第2章07【仮面の下は光か影か】

▼**カタルシス**
第1章05【スマホのなかの英雄たち】〔p.064〕ほか

のようにも思えます。

人は社会化された動物ですから、社会生活を営むために仮面を被り、本能に対して嘘をつきながら生きています。本能には社会的に許容され得るものと許容されにくいものがありますが、どちらにせよ、抑圧された本能が解放されたとき、人はカタルシスを得るのではないでしょうか。〈デスゲーム〉のなかで描かれた「本性」「本能」の開放を見たとき、人はどこかで自分と重ね合わせ、解放感や安心感に似た感情を得るのかもしれません。

◆抑圧された本能が解放

◆解放感や安心感

《人狼ゲーム》でも、ついつい素の自分が出てしまうことがあります。

あくまでも〈ごっこ遊び〉ではありますが、「村人」かもしれない人を処刑するという体験は、普段の生活では起こりえない特殊な状況です。そのような特殊な状況を疑似体験するなかで、本音の部分が引き出され、「あの人の意外な一面」が見えるのは、怖さであり、面白さでもあります。

ましてや、プレイヤーは強制的に〈人狼〉にさせられ、嘘をつくことを求められるのです。正体がばれないように振舞わないといけない緊張感は、疑似体験とはいえ、かなり刺激的です。あるいは〈人狼〉になることで、仮面を被って本能を隠した人間である自分自身を遊びのなかで表現し、本能を解放するカタルシスを疑似体験できるのかもしれません。

人は誰しも〈人狼〉である――どこかでそれを知っていることが、この遊びが受け継がれてきた理由のひとつだと考えられないでしょうか。

◆刺激的

ちょっぴり怖くて刺激的な《人狼ゲーム》、いちど遊んでみてはいかがでしょう。普段、体験できないようなドキドキを感じたり、いつもと違う自分を体験できるかもしれません。

参考文献
・戸田山和久〔二〇一六年〕『恐怖の哲学――ホラーで人間を読む』ＮＨＫ出版新書

33 ここに居ること、そこに在ること

ボードゲーム

愛着
退行
臨場性
関係性
対面・非対面

《ボードゲーム》と聞いて、みなさんはどんなものを思い浮かべるでしょうか。将棋？　囲碁？　もしかしたら、サイコロを振って進み、止まったところの指示に従う「すごろく」形式のゲームを思い浮かべる方が多いかもしれません。

日本で長く遊ばれてきたこれらのゲームもボードゲームなのですが、海外では少し違ったボードゲームが作られ、楽しまれてきました。そんな海外のボードゲームが今、密かなブームになっています。ここ数年のあいだに、ボードゲームで

遊ぶプレイヤーの人口は爆発的に増え、全国各地にボードゲームで遊べるボードゲームカフェや販売店が建ち並び始めました。

海外のボードゲーム

《ボードゲーム》は、日本と海外でまったく違った進化を遂げてきました。日本のボードゲームとの違いは大きく、海外のボードゲームは、「世界のボードゲーム」や「ドイツゲーム」「ユーロゲーム」と呼び分けることもあります。あるいは、ボードゲームなのにゲーム盤を使わないものもあることから、「テーブルゲーム」と呼ばれたこともありました。

日本と違って、海外の《ボードゲーム》には「すごろく」形式のものがほとんどありません。サイコロを振って進み止まったマスの運命に従うといったものではなく、さまざまな行動を自分の意思で選択して、みずから状況を変化させながら成長していくものがほとんどです。

例えば無人島を開拓していく『カタンの開拓者たち』（通称カタン）というドイツゲームは、日本でも比較的知られているのではないかと思います。テーマも多彩で、農場経営から国家の維持管理、歴史的な大聖堂の建設、恐竜の保護から火星の開拓まで、本当にさまざまな世界を疑似体験できるようになっています。このような日本と海外の《ボードゲーム》の違いは、制作者や対象となるプレイヤーの違いによるところが大きいと思われます。

海外では「ボードゲームデザイナー」という職業が存在し、社会的にも認められています。たくさんのデザイナーそれぞれが新しい作品を生み出し、時にはコラボし、時には競い合うことで、進化し多様化してきました。プレイする側も、好きなデザイナーが作ったゲームを選んで購入したり、デザイナーの生い立ちや人となりに関心を向けたりと、「作り手」の存在も作品の一部として評価し、ファンになるといった文化ができあがっています。このことが《ボードゲーム》の個性を確立させ、多様化させる要因のひとつになりました。

また、対象となるプレイヤーが子どもではなく大人であることも、海外と日本の《ボードゲーム》の大きな違いのひとつです。海外のボードゲームはルールが複雑で戦略性が高いものが多く、大人が楽しむものとして作られてきました。日本における最近のブームの中心も大人で、ようやくボードゲームに出会い始めたといえるのかもしれません。

デジタルゲームとアナログゲーム

そもそも《ボードゲーム》とは、ゲーム盤に駒やカードを置き、時にはサイコロを振るなどして、ゲームごとに課せられたさまざまな目的の達成を目指すゲームのことをいいます。最近ではパソコンやスマートフォン、家庭用ゲーム機などを使って、コンピューターを相手に、あるいはオンライン▼で遠方の誰かとプレイすることもでき、オンラインでボードゲームが遊べるサイトやアプリも作られています。

しかし《ボードゲーム》は、数人のプレイヤーが一堂に会してゲーム盤を囲

▼**オンライン**
本章29【伝える・伝わる・こころ通わす】

み、カードや駒を手で触ってプレイするのが、本来のスタイルであり、「直接会い、触れて遊ぶ」というのが大きな特徴のひとつです。デジタルゲームと対比させて「アナログゲーム」と呼ばれることがありますが、このことも、デジタルがここまで発展した現代にあって、ボードゲームがアナログのまま、「直接会い、触れて遊ぶ」というスタイルを失っていないことの表れなのでしょう。

そのようなアナログな《ボードゲーム》が、コロナ禍で直接会うことを制限された今、注目されつつあることには、何かしらの意味があるのではないでしょうか。もちろん、テレビなどのメディアで紹介されるようになったことや、動画配信サービス▼を通したインフルエンサーによる拡散などが、ボードゲーム人気に大きく影響していることは間違いありません。

そのようなきっかけで《ボードゲーム》を手にとった人たちが、オンラインという簡便さを超えて、わざわざ予定を合わせては集まって遊んでいるのです。この事実には、ボードゲームがもつアナログであることの魅力が何か関係しているのではないでしょうか。そう考えたとき、〝触れること、会うこと〟とこころと

◆直接会い、触れて遊ぶ

▼**動画配信サービス**
第４章26【画面の向こうに手を伸ばす】

の関係が、ボードゲームの流行について考える鍵になるのではないかと思えてきました。

触れたいこころ、会いたいこころ

人は五感を使って外からの情報を得ますが、オンラインでは、主に視覚および聴覚によって情報が感知され認識されます。一方で、直接会う《ボードゲーム》では、視覚・聴覚の情報に、駒やカード、サイコロなどに〝触れる〟という触覚による情報が加わります。

触覚はそれがあまりにも自然であるため忘れられがちですが、触れることや触れているものが人間の意思決定やこころのあり方に影響を及ぼす、ということが明らかにされつつあります。また、母子の心理的な結びつきである愛着▼の形成においても接触が重要であることや、触れることが親密さや安心感につながるということも、広く知られています。

▼**愛着**
第1章06【凍りつき、溶けだす姉妹】[p.071]

たとえば、主に子どもを対象とした、遊ぶことで自由な気持ちを表現する「プレイセラピー▼」では、砂の手触りや水の冷たさを感じるといった感覚的な遊びがしばしば体験されます。このような感覚的な遊び●は、愛着の再形成●（甘え直し）と関連する行為と考えられたり、健康な退行●を促進するものとして意味づけられてきました。健康な退行とは、やらなければならないこと、大人として求められる社会的な態度を一時的に放棄し、こころが少し自由になることをいいます。「童心に返る」という状態です。〝触れる〟という行為は、このような退行を促進する要因になるとも考えられます。

また、コロナ禍によって〝直接、会う〟ことが制限され、オンラインによる関わりが急激に増加しました。出向く手間や会うことから来るストレスから解放されるといった簡便さや気楽さもあり、コロナ禍を機に対面▼での関わりがすべてオンラインに切り替わるのではないか、と言われたこともあります。しかし、実際はそうはならないようです。オンラインによる関わりを経験したことで、かえって「対面による関わりがどういったものだったのか」が浮き彫りになり、コロナ

▼プレイセラピー
本章31【シナリオを生きる人びと】(p.316)

●大人にも使用する箱庭療法においても、砂の手触りを感じることができる。

●十分に甘えることができず「愛着」の形成が上手くいかなかった場合、再形成を試みる。

●以前の発達段階に一時的に戻ること。「子ども返り」「赤ちゃん返り」とも言われる。

▼対面・非対面
本章29【伝える・伝わる・こころ通わす】

禍はむしろ対面による関わりの意味を再考する機会にもなっています。「人と人が出会うこと。その場に居合わせること。ライブであること。Face-to-face で話すこと」は臨場性と呼ばれ、「関係性▼が重要な意味をもつ領域では、今後も臨場性が必須になる」とも指摘されています▼。反対に、関係性がそれほど重要でなく、情報の伝達が目的となる場合は、オンラインの方が効率がいいようです。

《ボードゲーム》はどうでしょうか。ボードゲームには、勝敗を目的とする楽しみ方と、過程そのものを楽しむ遊び方があります。楽しみ方は人それぞれなのですが、過程を楽しむことに関していえば、オンラインよりも、直接会って遊ぶボードゲームの方がいくらか向いており、それこそ対面であることが必須なのではと感じます。オンラインでボードゲームをプレイしていると、相手が自分の番に何をしてどうなったかという結果はわかるのですが、どのようにされたのか、どのような文脈だったのかという過程が伝わりにくいのです。

それは、細かい表情や仕草、態度や雰囲気といった、目と耳だけでは感知でき

◆臨場性

▼**関係性**　第1章05【スマホのなかの英雄たち】ほか

▼斎藤［二〇二一年］本論末

ない、同じ空間にいないとわからない情報をどこかで感じているからなのかもしれません。リモート会議やオンライン飲み会などに参加したことがある人は、画面越しに誰かと関わることに対してもどかしさを感じたことはないでしょうか。もしかしたらそれは、相手の上半身と電子化された声以外の情報があふれる「場」がないことが、どこか関係しているのかもしれません。

●発言のタイミングが難しい、表情が読みにくい、空気感がわかりづらいなど。

相手と直接会って《ボードゲーム》をしていると、ゲームとは関係がない雑談や手遊び、小さなため息やタイムラグのない動き、そういったさまざまな要素を含めた確かに相手がそこに居るという感覚が、そこで起こる出来事に少しずつ関わっていて、過程として体験されているのだと思います。

私たちが普段カウンセリングするときも同じです。相談に来られた方が語る内容（結果）はもちろん大事ですが、それ以上に、その内容がどのように話されているのか（過程）がとても重要になります。お話をできるだけ深く理解するには、何が語られているかだけではなく、どのように語られているのかという文脈を把握する必要があります。私たちカウンセラーは、同じ空間に居合わせることで得られる情報を、思った以上に頼りにしているようです。

このような関わり方は本来、人に備わっているものなのだと思います。カウンセリングに限らず〝会うこと〟には、それだけのインパクトがあります。《ボードゲーム》が過程を楽しみ、関わりを楽しむゲームであるとするなら、〝会うこと〟がそれを促進させているのだと思います。

〝遊び〟の目的が遊ぶ過程そのものであるとするなら、直接会って、触れて遊ぶ《ボードゲーム》は〝遊び〟を促進する要素をたくさんもったツールになりえます。さまざまなものが制限された今だからこそ、多くの人が自由や関わりを求め、そのツールとなるボードゲームを手にとるのかもしれません。

参考文献

・斎藤環〔二〇二一年〕『コロナ・アンビバレンスの憂鬱――健やかに引きこもるために』晶文社
・テクタイル　仲谷正史・筧康明・三原聡一郎・南澤孝太〔二〇一六年〕『触楽入門――はじめて世界に触れるときのように』朝日出版社

エピローグ

「好きなこころ」がつなげたもの

おかえりなさい。
サブカルチャーのこころの世界はいかがだったでしょうか。

初めから最後まで通して読まれた方、興味のあるところを選んで読まれた方、もしかしたら今、あとがきから読んでいる方もおられるかもしれません。索引を見て、気になるキーワードを拾い読みした方もいらっしゃるでしょうか。

そのように、いろいろな読み方をしていただけているとすれば、この本を作るにあたって自由な読み方をしていただけるといいなと考えていたので、たいへん嬉しく思います。

この本を作るにあたっては、「サブカルチャー（ポップカルチャー）が好きで楽しんでいるけど、ただ楽しむだけではなくて、もう少し深掘りして考えたい」という一般の方を七割……、カウンセリングなどの仕事でサブカルチャーの話題に触れることがあるけれども、もう少しいろいろなサブカルチャーのことを知って仕事に活かしたいという心理職（対人援助職）の方を三割……、そのように読者の皆さまを想定してきました。皆さんのお役に立てていたり、みなさんの知的好奇心をくすぐることができていたなら、幸いです。

読み進めるなかで、よく出てくるキーワードに関心を寄せられた方もいらっしゃると思います。「コミュニケーション」「アイデンティティ」「カタルシス」「関係性」「エンパワメント」「喪失」「共有」……これらは、さまざまなサブカルチャーに通底するテーマとして顔を出します。そして、これらはサブカルチャーだけではなく、私たちにとって生きる上で大切なテーマでもあります。サブカルチャーとはまさに「人生」なのだ、とこの本を作って改めて思ったところでもあります。

＊　＊　＊

サブカルチャー臨床研究会(さぶりんけん)の立ち上げ当初、活動内容のなかに「書籍の出版など」という文言がありました。いつの日か、さぶりんけんの仲間で本とか出せたらいいよね〜というような軽い気持ちでその文言を入れていたように思いますが、本当に実現したのですから、言霊って大事だなと改めて実感しています。

サブカルチャー臨床研究会を立ち上げた経緯を、ここで少し振り返っておきましょう。

私はそのころ、とても困惑していました。三十代半ばにして突然、関西ジャニーズJr.▼にハマってしまった——きっかけは、テレビドラマの主演に起用されたメンバーをテレビ雑誌でふと目にしたことです。そのドラマの原作をとても気に入っていた私は、あまりにも主人公にぴったりな彼の強く大きな瞳に魅入られてしまいました。彼を生で見るにはどうすればいいのだろう……。調べると、大阪

▼第2章10【アイドルの発達段階】〔p.110〕ほか

にある松竹座▼でクリスマスコンサートをすることがわかりました。千人くらいしか入らない赤い提灯のぶら下がる古風な劇場で、彼は眩い衣装をまとい、キラキラした仲間たちとそのステージに立って、光を振りまいていました。

そのうち私は、関西ジャニーズJr.の他のメンバーにもハマり、大阪以外で開催されるツアーにも行ける限り遠征するように。あれよあれよという間にすっかり「ジャニオタ」となっていたのです。

いや、もともと何かしらにハマりやすい性格ではありました。大学生のころは宝塚歌劇にハマって毎月、宝塚大劇場に通っていましたし、ジャニーズも、音楽番組やドラマを見て○○かっこいい！　○○好き！　と、さんざん言っていました。そのころはいわゆる「茶の間」●だったのですが、現場へ足を運ぶことでこんなことになってしまうとは。そのころ心理職としてまだ経験の浅かった私は、毎日、職場で四苦八苦しながら、週末にある現場だけを頼りに日々を生きていたように思います。

▼第2章10【アイドルの発達段階】〔p.111〕

●現場に足を運ばずテレビなどのメディアでのみ楽しんでいるファン。

それにしても、どうしてこんなことになってしまったのか。

私が中学生のころ、ちょうどジャニーズの七人組アイドルグループ「光GENJI」●が大人気で、クラスメイトのあいだではメンバーの誰が好きかといった話題でもちきりでした。当時、ニューミュージックと呼ばれていたジャンルのアーティストや地元ラジオ局のDJ、自分よりもかなり年上の俳優などにハマっていた私は、「アイドルなんてくだらない」と内心思っており、その本質に目を向けることなく、ただ、クラスメイトの会話に入るともなく漂っていました。

それもまた思春期らしいあり方だったなと思います。大人になってからまさかジャニーズにハマるなんて、今の私の姿を当時の私が知ったら卒倒してしまうに違いありません。

私は、ジャニオタとしての私を肯定したかった。アイドルにハマることはきっと心理学的に意味のあることなのだ。そんな気持ちもありました。

●一九八七年デビュー、一九九五年解散。

＊　＊　＊

私がスクールカウンセラーとして働く中学校でのことです。

授業中、荒れた様子の女子生徒が、先生に連れられてカウンセリング室にやってきました。ここで話を聴いてもらえ、ということです。女子生徒は不貞腐れた様子で座っています。もちろん彼女は話すつもりはないし、話しそうな気配もありません。私はその様子をそっと見守ります。

しばらくして、筆記用具で机に何やら落書きを始めました。「山Pは私のもの」。山Pというのは、当時NEWS●のメンバーであった元ジャニーズの人気アイドル山下智久のことで、数多くのテレビドラマにも主演していました。私はあれ？という雰囲気で少し首をかしげてその様子を見ていました。『どうせ先生も「アホなこと言うてる」って言うんやろ！』そうやって睨みつける彼女に、私はこう答えてみました――《いや、山Pは私のものかなって思っててんけど……》『……

●二〇〇三年、九名でデビュー、現在は三名のメンバーで活躍中。

は？　私のやし！』《えー、そうなん？》——。

　そんなやりとりがきっかけで、「この大人と、少し話をしてみてもいいかな」と思ってくれたのか、ジャニーズのことであればいろいろと話してくれるようになりました。その話を聴くなかで、周りの友人との関係や気遣い、彼女なりにバランスをとろうとする力があることなど、学校の先生方とはまた違う見立てをもつことができ、コンサルテーション●をしながら、彼女の理解を深めることができました。


　もしかしたら、ジャニーズの話って、カウンセリングのなかで役に立つのかもしれない。

　そんなことを考えていたころ、私は、掛け持ちで働いていた心療内科クリニック▼でも、ひたすらジャニーズのアイドルやヴィジュアル系バンドの話を話し続ける大人に出会うことがあり、好きなことを語るなかで、そして好きなこととのか

●教育の専門家（教師）に心理の専門家（スクールカウンセラー）が助言すること。

▼第2章11【傷と血と痛みによる美しき世界】

かわりを語るなかで、その人自身が生き生きとしていく様子を目の当たりにしていました。

好きなことを好きなように語る。カウンセリングの時間内であれば話の腰を折られることはない。プライベートの人間関係のなかで話すよりも、話を聴く相手がどのように感じどのように考えるかを気にしなくてよい。そのように、カウンセリングという枠組のなかで**好きなことを好きなように話すこと**そのものに意味があると考えるようにもなりました。

＊　＊　＊

自分自身が「ジャニオタ」なので、カウンセリングで語られるジャニーズの話はイメージが容易で、すぐに理解できます（ただし、知りすぎていることの難しさも同時に感じることが多く、「こちらがどこまで知っているか」を明かすかどうかも含めて、工夫が必要だと感じます）。

しかし私は、アニメや漫画、ゲームについてはあまり詳しくありません。詳しくない場合は、それがどのようなものなのか、どのように楽しんでいるのか、どのような魅力があるのかを、丁寧に聴いていきます。知らなくても、教えてもらって、その世界を少しでも共有できたらと耳を傾けますし、検索して調べてみたり、ときにはその作品に実際触れてみるということもあります。

それでも、自分ひとりが把握するサブカルチャーの作品、分野には限界があります。アニメやゲームに詳しい臨床心理士の話も聞いてみたい。それぞれが詳しい分野を持ち寄って情報交換できたら、お互いに自分の心理臨床の仕事に活かせるのではないか？　そのようなことを考えていました。

二〇一四年、「それ面白いからやりましょう！」と言ってくださったのが、この本でも執筆に協力くださった、京都教育大学大学院の先輩でいらっしゃる藤田さんでした。

そのころ私は大学院の附属施設である相談室の補佐業務の仕事をしていて、院生や修了生が私のいる受付によく出入りをしていました。そんななかの何気ない会話でした。

臨床心理士が集まって、それぞれがハマっているさまざまなサブカルチャーを学んだり、楽しんだりする。そのことはセルフケアにも通じるのでは？　このような話になり、会の名前を「サブカルチャー臨床研究会」としました。概要は、この本のプロローグ▼で笹倉さんが説明してくださったとおりです。▼[p.003]

最初は京都教育大学大学院の修了生で興味のありそうな人に声をかけて、四ヵ月に一回程度、集まっていました。そのうちに、「こんなことをやっているよ」と少し発信しようかということになり、日本心理臨床学会の大会で自主シンポジウムを試みました。そこでのご縁▼をきっかけに笹倉さんに研究会にお入りいただき、今は代表としてご活躍いただいています。▼[p.288]

二〇一九年末から新型コロナウィルスの影響は徐々に押し寄せ、二〇二〇年春、私たちの日常はすっかり色を、景色を、変えました。この感染症蔓延のなかで過ごす工夫を私たちは強いられました。

＊　＊　＊

サブカルチャー臨床研究会（さぶりんけん）のメンバーは全国に散らばっていて、年三回開催のうちの二回は京都開催、一回は東京開催という形をとっていたところでしたが、当然、集まることができなくなりました。オンラインで会議をしたり研修をしたりという日々、私たちの研究会もまた、オンライン開催することになりました。なかなか参加が難しい遠方の会員も気軽に参加できるようになったこと。サブカルチャーとオンラインの相性が非常に良く、それぞれ近況報告の場で実際に今ハマっているものを画面共有で見せたり、実際のグッズなどをカメラで見せることができるようになったこと。発表のあいだ、聞いているメンバーは好き好きに思ったことをチャットに書き込むようになったこと。このような副産物もたくさんありました。オンライン開催だからこそ、さぶりんけんがよりさぶりんけんらしくなっていったとも言えるでしょう。おそらく、対面で研究会が開催できるようになっても、オンラインでの研究会の形は残っていくのではないかと思っています。

　コロナ禍は、私たちの研究会のあり方だけではなく、世にあるサブカルチャーとの付き合い方も変えていきました。コロナ禍だからこそ、多くの人がこころを繋ぐプラットフォームとして、《鬼滅の刃》▼《あつまれどうぶつの森》▼などを楽しみました。みんなが自分で自分の機嫌のとり方を試行錯誤する時代。その楽しみのひとつとしての「推し活」がメディアでもとりあげられるようになり、〝推し〟▼という言葉が世間一般に浸透してきました。大人がアイドルにハマることも、よくあることとして世間に受け入れられてきているように思います。

▼第1章01【折れないこころ、つながる想い】

▼第1章04【コロナ禍だから、あつまろう】

▼[p.163]

私自身はと申しますと、コロナ禍のあいだにうっかり宝塚歌劇の「沼」に再び落ち（「すみれ返り」▼というらしい）、ジャニオタとヅカオタの二足の草鞋を履くようになりました。約三十年ぶりのことで、なんだかとても不思議な気がしています。

▼**すみれ** 第3章22【好きなものの終い方】〔p.211〕

あとがき

「めっちゃ本になってる！」

今回の本作りの最終フェイズで、著者校了ゲラにお衣装のように意匠が盛り込まれたのを見て、私の口からこぼれたのはこのような一言でした。妙な日本語だな●と我ながら苦笑したものです。

このようにして、私たちが研究会を通してあるいは個人個人で考えてきたことが、一冊の本という形になったことには感慨深いものがあります。

●感動のあまり語彙力を失ってしまうのは、オタクの常かもしれません。

当初、さぶりんけん〔サブカルチャー臨床研究会〕のメンバーに本書の原稿執筆希望を募ったところ、多くのメンバーが実に一〇〇以上のテーマを提出してくれました。今回、厳選して三十三のテーマに絞りましたが、また今後も何かしらのかたちで、いろいろなテーマについて発表できる機会があればいいなと思っています。

編者である笹倉さんも私も本を作るのは初めてだったので、全体の原稿がまとまるまで、試行錯誤の連続でした。次々やってくる作業の締め切りに追われるなか、「ごめんなさい、今日は現場なので、明日の打ち合わせまでに作業終わりません！」「大丈夫ですよ、楽しんで行ってきてください！」「心と体の健康優先で！推し事と睡眠大事‼」「今日も明日も現場なので、ちょっと対応できません〜〜」といった言葉のかけ合いが延々と続きました。

どんなにギリギリになっても自分の現場も相手の現場も大事にするという、いかにもさぶりんけんらしいやりとりのなかで作業を進めた本でもあります。

木立の文庫の津田敏之さんは、今回の本づくりに入るまでにも、私の話（その多くはオタク話）を共感的に興味をもって聞いてくださいました。「さぶりんけんのメンバーで本を出したい」という相談をさせていただいた時も、キーワードで紐づけしたり、キーワードから逆引きできるような本ができるのなら面白いのではないか？　そういう本なら考えたい！　と乗ってくださいました。

実際に、本文下のフットノートに説明を載せるなど、この本を豊かにする津田さんのアイディアには本当に助けられました。オタクの悪い癖に、自分が知っているものは世間でもよく知られていると思いこむ傾向があるように思いますが、そういうときも津田さんは冷静な判断で見極めてくださいました（「この作品は、この人物は、世間ではそれなりに知られているだろう」と私たちが思っていることについて、津田さんから「そうでもない」と言われて熱い議論になったことも、あったような、なかったような……笑）。この本を制作するにあたり、的確なご助言およびご尽力をいただきましたこと、たいへん感謝しております。

木立の文庫スタッフの中村優里さんも、サブカルチャーへの愛と幅広い知識をお持ちで、最終校正の際に助けていただきました。ありがとうございました。加えて、カラフルでポップでお洒落なデザイン、思わずにっこり微笑んでしまう可愛いらしいイラスト。四枚切の食パンのようにぶ厚くなった本書の仕上げに素敵な魔法をかけてくださった、造本デザイナーの寺村隆史さんとイラストレーターの坂本伊久子さんのお二人にも、厚く御礼を申し上げたいと思います。

最後になりますが、木立の文庫の津田さんとのご縁をつなげてくださった、私の恩師でもある現・龍谷大学教授の内田利広先生と北大路書房の森光佑有さん、ありがとうございました。さぶりんけん誕生の土壌ともなった、京都教育大学大学院の修了生が自主的に学べる場を整えてくださった、京都教育大学名誉教授の本間友巳先生、いつもさぶりんけんを温かく見守ってくださり、自主シンポジウムでは指定討論としてもお世話になっている、島根大学教授の岩宮恵子先生、静岡大学教授の太田裕一先生にも、厚く御礼申し上げます。

そして、いつも楽しみながらともに学ぶさぶりんけんのメンバー……、さぶりんけんにかかわる方々……、仕事現場でかかわる方々……、〝好きなもの〟でつながっている方々……、すべてのみなさまに感謝をお伝えしたいと思います。

二〇二三年春　推しのアクスタ●に見守られながら

荒井久美子

●アクリルスタンドの略。人物の写真が透明のアクリル板に転写されていて、立てて飾る。推しの分身。

ま

や

ら・わ

た

な

は

事項索引

(項目のゴシック体は本文内で記事タイトルとして扱われていることを、数字のゴシック体は記事の番号を示す)

あ

か

ヤ・ラ

タ

ナ

ハ

マ

名称索引

（項目のゴシック体は作品名などであることを示す／数字のボールド体は扱われている記事番号を示す）

本書を賑わすコンテンツたちの活躍を
「時代・社会背景」に照らして味わって
頂けるよう【年表】をご用意しました。

さぶここ年表 ——好き! の系譜

田中智之（たなか・ともゆき）

▶第２章 08、12

愛知学院大学大学院心身科学研究科博士前期課程修了、修士（心理学）。臨床心理士、公認心理師。現在：愛知県スクールカウンセラー、三重県スクールカウンセラー。

●好きなジャンル：ロボットアニメ、特撮ヒーロー、プラモデル、ディズニー、ジャニーズ、ロックバンド、お笑い。

長行司研太（ちょうぎょうじ・けんた）

▶第１章 02、03、第２章 07

佛教大学大学院教育学研究科臨床心理学専攻修士課程修了、修士（教育学）。臨床心理士、公認心理師。現在：佛教大学非常勤講師、京都府・京都市スクールカウンセラー。

●好きなジャンル：漫画、アニメ、ゲーム、特撮、ラジオ、映画、筋肉。

德山朋恵（とくやま・ともえ）

▶第１章 04、第２章 13、第３章 18（分担）、19、第４章 27

京都文教大学大学院臨床心理学研究科博士後期課程単位取得退学、修士（臨床心理学）。臨床心理士、公認心理師。現在：ダイヤル・サービス株式会社 SNS 相談員。

●好きなジャンル：ゲーム、K-pop、ゴスロリ、歴史。

藤田恵津子（ふじた・えつこ）

▶第３章 22

京都教育大学大学院教育学研究科修士課程修了、修士（教育学）。臨床心理士、公認心理師。現在：公立鳥取環境大学環境学部環境学科准教授。

●好きなジャンル：宝塚歌劇。

三田村 恵（みたむら・めぐみ）

▶第３章 18（分担）、第４章 25

明星大学大学院人文学研究科心理学専攻博士前期課程修了、修士（心理学）。臨床心理士、公認心理師。現在：大妻女子大学学生相談センター談話室カウンセラー、カウンセリングサロン Ark 杉並非常勤カウンセラー。

●好きなジャンル：漫画、Sound Horizon、ライトノベル、声優、ディズニーリゾート。

【著者紹介】

岩城晶子（いわき・あきこ）

▶第２章 11

京都大学大学院教育学研究科博士後期課程単位取得退学、修士（教育学）。臨床心理士、公認心理師。現在：宝塚大学看護学部講師。

●好きなジャンル：ヴィジュアル系、怪談・ホラー・妖怪もの、ファンタジー全般、ロボットアニメ。

植田峰悠（うえだ・みねひさ）

▶第２章 09、第５章 29、30

名古屋大学大学院教育発達科学研究科博士後期課程単位取得退学、博士（心理学）。臨床心理士、公認心理師、大学カウンセラー。現在：金沢大学子どものこころの発達研究センター特任助教。

●好きなジャンル：テクノロジー、メカニック。

大島崇徳（おおしま・たかのり）

▶第４章 26、第５章 31、32、33

広島大学大学院教育学研究科心理学専攻博士課程前期修了、修士（心理学）。臨床心理士、公認心理師。現在：神戸松蔭女子大学大学院 神戸松蔭こころのケア・センター 相談員。

●好きなジャンル：ボードゲーム（その他アナログゲーム）、謎解きゲーム、アニメ、オカルト文学。

片岡 彩（かたおか・あや）

▶第４章 23、28

立教大学大学院コミュニティ福祉学研究科博士前期課程修了、修士（人間関係学）・青山学院大学大学院教育人間科学研究科博士前期課程修了、修士（心理学）。臨床心理士、公認心理師、精神保健福祉士。現在：大妻女子大学学生相談センター・東京工業大学保健管理センターカウンセラー。

●好きなジャンル：SNS、創作系・表現系全般。

髙井彩名（たかい・あやな）

▶第１章 05、06、第２章 14、第３章 18（分担）、20

日本女子大学大学院人間社会研究科心理学専攻博士課程後期満期退学、修士（心理学）、臨床心理士、公認心理師。現在：日本女子大学カウンセリングセンター専任研究員。

●好きなジャンル：洋画、漫画、舞台。

【編著者紹介】

笹倉尚子（ささくら・しょうこ）

▶まえがき、プロローグ、各章導入部、第１章01、第２章15、第４章24

京都大学大学院教育学研究科博士後期課程単位取得退学、博士（教育学）。臨床心理士、公認心理師。

現在：十文字学園女子大学教育人文学部心理学科准教授。

主な論文「思春期の異界とサブカルチャ ―― 触媒、あるいは器として；思春期女子の事例」『精神療法』48(1), 40-43〔金剛出版, 2022〕など。

●好きなジャンル：漫画、アニメ、舞台全般、若手俳優、LDH。

荒井久美子（あらい・くみこ）

▶第２章10、第３章16、17、21、エピローグ、あとがき

京都教育大学大学院教育学研究科修士課程修了、修士（教育学）。臨床心理士、公認心理師。

現在：京都教育大学総合教育臨床センター非常勤カウンセラー、京都府・京都市スクールカウンセラー、近畿大学非常勤講師、京都文教大学非常勤講師。

著書に『教育相談の理論と実践』共著〔ふくろう出版, 2020〕など。

●好きなジャンル：ジャニーズ、宝塚歌劇。

サブカルチャーのこころ

オタクなカウンセラーがまじめに語(かた)ってみた

2023年5月30日　初版第1刷発行
2023年11月20日　初版第3刷発行

編著者　笹倉尚子　荒井久美子

発行者　津田敏之
発行所　株式会社 木立の文庫
京都市下京区
新町通松原下る富永町107-1
telephone 075-585-5277
faximile 075-320-3664

造本・組版　寺村隆史
イラスト　坂本伊久子
印刷製本　亜細亜印刷株式会社

ISBN978-4-909862-29-7 C1011

Printed in Japan